交易所交易基金（ＥＴＦ）的
市場影響與風險管理

陳志英 ○ 著

崧燁文化

目　錄

1　緒論／1

　1.1　研究背景與研究意義／1

　1.2　國內外文獻綜述／3

　　1.2.1　國外研究評述／3

　　1.2.2　國內研究評述／11

　1.3　本書研究內容及結構安排／14

2　ETF 概述／15

　2.1　ETF 的定義／15

　　2.1.1　ETF 的概念及特點／15

　　2.1.2　ETF 的分類／17

　2.2　ETF 的交易機制／19

　2.3　ETF 的交易策略／21

3　全球 ETF 市場發展概況／24

　3.1　全球 ETF 市場發展現狀／24

　3.2　全球 ETF 市場發展新趨勢／30

　　3.2.1　槓桿和反向 ETF（Leveraged and Inverse ETF）／30

　　3.2.2　合成 ETF（Synthetic ETF）／33

  3.2.3　聰明貝塔 ETF（Smart Beta ETF）／34

4　中國 ETF 市場發展概況／37

  4.1　中國 ETF 市場發展現狀／37

  4.2　綠色金融與中國 ETF 市場發展機遇／43

5　中國 ETF 市場功能分析／45

  5.1　中國 ETF 市場定價效率分析／45

    5.1.1　引言／45

    5.1.2　模型建立／47

    5.1.3　實證結果／49

    5.1.4　本節小結／51

  5.2　中國 ETF 市場價格發現與波動傳導研究／52

    5.2.1　引言／52

    5.2.2　文獻綜述／52

    5.2.3　數據選擇與描述性統計／55

    5.2.4　模型與研究方法／57

    5.2.5　實證結果分析／59

    5.2.6　本節小結／65

  5.3　ETF 與傳統指數基金的替代效應分析／65

    5.3.1　引言／65

    5.3.2　文獻綜述／67

    5.3.3　數據說明與變量定義／68

    5.3.4　實證檢驗及結果／70

    5.3.5　本節小結／73

  5.4　市場流動性與 ETF 資金流關係分析／73

5.4.1　引言 / 73

　　　5.4.2　文獻綜述 / 75

　　　5.4.3　變量定義與數據說明 / 76

　　　5.4.4　實證分析 / 79

　　　5.4.5　本節小結 / 82

　附錄 5.1　跟蹤同一指數的傳統指數基金與 ETF 列表 / 83

6　中國 ETF 對標的市場的影響分析 / 86

　6.1　ETF 對成份股市場的波動溢出效應分析 / 86

　　　6.1.1　引言 / 86

　　　6.1.2　文獻綜述 / 87

　　　6.1.3　模型設計與數據說明 / 88

　　　6.1.4　實證結果分析 / 92

　　　6.1.5　本節小結 / 97

　6.2　ETF 交易對標的成份股相關性的影響分析 / 98

　　　6.2.1　引言 / 98

　　　6.2.2　文獻綜述 / 100

　　　6.2.3　指數基金與市場聯動關係分析 / 102

　　　6.2.4　ETF 與股票市場相關性分析 / 103

　　　6.2.5　本節小結 / 106

　附錄 6.1　個股截面風險指標構建 / 107

7　ETF 發展與金融市場穩定 / 110

　7.1　新型 ETF 產品的潛在風險 / 110

　　　7.1.1　槓桿和反向 ETF 的潛在風險 / 110

　　　7.1.2　合成 ETF 的潛在風險 / 112

7.2 ETF 交易與金融市場脆弱性 / 116

    7.2.1 引言 / 116

    7.2.2 文獻綜述 / 117

    7.2.3 ETF 交易的基本模型 / 118

    7.2.4 結論與政策含義 / 127

附錄 7.1 性質 1、5、6 的證明 / 128

附錄 7.2 羊群行為的概率證明 / 130

8 主要研究結論與展望 / 132

8.1 主要研究結論 / 132

8.2 展望 / 134

附錄 / 136

附錄 1 中國上市 ETF 基本訊息 / 136

附錄 2 美國上市的中國 A 股 ETF 列表 / 143

附錄 3 中國 ETF 主要業務規則 / 147

參考文獻 / 152

1 緒論

1.1 研究背景與研究意義

ETF（Exchange-Traded Fund）即交易型開放式指數基金，又稱交易所交易基金，是一種採用被動管理方式複製或跟蹤某一市場指數並且在證券交易所上市交易的創新型金融工具。ETF是一種指數投資工具，是通過複製標的指數來構建跟蹤指數變化的組合證券，使得投資者通過買賣一種產品就可實現一攬子證券的交易。全球第一只真正意義上的ETF是1993年美國道富環球投資推出的標準普爾存托憑證（Standard & Poor Depositary Receipt，SPDR）。SPDR甫一推出，就獲得巨大的成功，至今它仍是世界上最受歡迎的ETF產品之一。此后，全球ETF市場發展進入快車道。根據諮詢公司ETFGI的數據，截至2015年12月，全球ETF資產規模接近3萬億美元，約為2001年全球資產規模的30倍（2001年全球ETF資產規模僅為0.1萬億美元），其中，美國ETF市場規模高達2萬億美元，歐洲ETF市場規模超過5,000億美元，日本ETF市場規模接近2,000億美元；目前，共有超過4,430只ETF在全球64個交易所交易，ETF基金管理公司共有279家[①]。2015年全球ETF市場淨現金流流入為372萬億美元，其中股票型ETF的淨現金流流入最大，約為258萬億美元；固定收益類ETF淨現金流流入為81.5萬億美元，

---

① ETFGI. ETFGI Monthly Newsletter [EB/OL]. [2015-07-11]. http://d1xhgr640tdb4k.cloudfront.net/552fc41fd719adfe5d000051/1436613461/etfgi_newsletter_global_201506.pdf.

商品類ETF淨現金流流入約為2.4萬億美元。

與開放式指數基金和封閉式基金相比，ETF具有可日內交易、交易成本低廉、交易透明、交易便利等優勢；與指數期貨相比，ETF的優勢在於交易方式類似股票、無保證金、合理的投資規模和投資類型廣泛等。因此，隨著ETF產品種類的豐富和市場規模的擴大，ETF逐漸成為各國投資者進行資產配置或全球化資產配置的主要金融投資工具。ETFGI對2015年全球ETF市場的交易記錄數據的分析顯示：2015年越來越多的投資者使用ETF進行更多樣化的投資；越來越多的普通個人投資者通過智能投資顧問（Robot-Advisors）方式利用ETF進行指數化投資；機構投資者增加了ETF配置；聰明貝塔策略指數和主動ETF將吸引更多投資者。

作為近年來全球金融市場上增長最快的產品，ETF在市場上備受矚目，然而，目前學術界對ETF的研究特別是實證研究還比較缺乏。這一方面與ETF發展歷史較短、實證數據缺乏有關；另一方面也與ETF本身的特性有關，比如兼具開放式基金和封閉式基金的特點，使部分開放式基金和封閉式基金的結論同樣適用於ETF。ETF又具有指數類金融衍生品（如股指期貨）的特性，使ETF與股指期貨存在某種程度上的可替代性，因此股指期貨的一些研究亦可套用在ETF上。然而ETF本身又獨具特性，如獨特的申購贖回機制和套利機制等，這使得對ETF進行單獨研究顯得尤為重要。

中國第一只ETF——上證50ETF，於2005上市交易。經過10年的發展，截至2015年12月，滬深兩市共有124只ETF，規模達2,200多億元，追蹤的標的指數涵蓋全市場股票指數、行業股票指數、債券指數、商品指數、境外股票指數等。ETF已成為中國投資者進行指數化投資的主要金融工具。2015年2月9日上證50ETF期權上市交易，正式開啓中國金融市場期權時代，更是基於ETF的衍生產品的一大創新。然而，目前對中國ETF市場的研究主要集中於某些ETF，如上證50ETF、滬深300ETF的價格發現功能，ETF與期貨的領先滯后關係，ETF的追蹤誤差等。那麼，目前中國ETF市場運行狀態如何？是否具有很好的定價效率？ETF是否替代了傳統的指數基金？中國ETF整體市場的價格發現功能發揮如何？ETF交易是否加劇了現貨市場成份股的波動性和相關性？是否提高了現貨市場的流動性？越來越多的指數化交易真

的分散風險了嗎？ETF市場快速發展的系統性隱憂有哪些？基於ETF的衍生產品的系統性風險有哪些？ETF對金融市場穩定性的影響有哪些？

回答這些問題成了本書研究的主要目的。雖然ETF並不是真正意義上的金融衍生品，但它具有金融衍生品的特性。對ETF市場運行效率的分析，有利於我們正確認識當前中國ETF市場的運行狀況。衍生品交易對金融市場波動性、流動性的影響及金融市場中的風險狀況都直接關係到金融市場的效率和穩定性，因此，正確衡量和評價ETF交易對中國市場的波動性、流動性的影響，以及背後潛在的風險，有利於我們正確認識指數化交易對金融市場的影響，從而全面推進和落實宏觀審慎監管，確保金融市場穩定和健康發展。

本書立足於中國ETF市場發展現狀，基於大量的實證研究，通過研究中國ETF市場的運行效率，並與開放式指數基金相比較，檢驗中國ETF市場功能；通過對ETF套利機制的分析，研究ETF的價格發現功能、波動溢出效應、信息定價效率，分析指數類衍生品交易對現貨市場效率和穩定性的影響；通過理論模型和大量的數據分析，研究指數化交易對市場的影響和基於ETF的創新產品背後潛在的系統性風險及其對金融市場穩定性的影響。本書將系統地研究ETF與現貨市場之間的關係，以及ETF交易對金融市場穩定性的影響，為恰當地設計產品和交易機制提供經驗證據，為監管部門進行產品監管提供參考，從而進一步穩定ETF市場，促進其發展。

1.2 國內外文獻綜述

1.2.1 國外研究評述

ETF的巨大成功吸引了大量學者的關注。目前國外學者對ETF的研究主要集中在ETF的定價效率、ETF的跟蹤能力及業績表現、ETF交易對相關市場的影響、ETF對金融市場穩定性的影響及其他方面。

（1）ETF的定價效率

ETF作為一種特殊的開放式基金，兼具開放式基金和封閉式基金的

特點,既可以像開放式基金一樣在一級市場上申購贖回,又可以像封閉式基金一樣在二級市場上進行即時交易、買賣 ETF 份額。因此,ETF 具有類似於開放式基金的一級市場和類似於封閉式基金的二級市場;相應地,ETF 具有一級市場的即時淨值和二級市場的即時交易價格。當 ETF 二級市場價格高於一級市場淨值時,稱之為溢價,反之稱為折價。ETF 的定價效率是指 ETF 的二級市場價格與一級市場基金淨值的接近程度,以及價格與淨值差異消失的快慢程度。通常用折溢價來衡量 ETF 的定價效率(Ackert & Tian,2000)。

ETF 的折溢價程度越高,ETF 市場的定價效率就越低,此時套利者可以利用 ETF 市場定價失衡進行套利以獲取收益。ETF 獨特的申購贖回機制保證了 ETF 套利交易的順利進行。當 ETF 價格高於其淨值時(ETF 溢價),套利者通過買入一攬子股票,在一級市場上用這一攬子股票申購 ETF,並在二級市場上賣出 ETF,從中獲利;當 ETF 價格低於其淨值時(ETF 折價),套利者在二級市場買入 ETF,在一級市場上贖回 ETF 得到一攬子股票,賣出這一攬子股票,從中獲利。這種套利行為有助於 ETF 一級市場基金淨值和二級市場交易價格趨於一致。因此,關於 ETF 定價效率的研究都是從 ETF 套利行為的角度出發進行分析的。Ackert 和 Tian(2000)、Engle 等(2002)研究了美國跟蹤 S&P 500 指數的 SPDR 的定價效率,發現並不存在統計意義上顯著的折溢價率。Engle 等(2002)發現套利者利用 SPDR 的價格和淨值偏差進行套利,並且折溢價一天以后會消失。Hughen(2003)探討了 iShares 馬來西亞基金套利機制的變化對折溢價造成的影響,研究發現在暫停套利機制期間,這種國際型 ETF 具有較大的折溢價水平。Curcio 等(2004)對比了 SPDR 和 QQQ(跟蹤納斯達克 100 指數的 ETF)的折溢價水平,發現這兩種 ETF 的折溢價都比較小,但是 QQQ 折溢價率的標準差高於 SPDR 的標準差。Gallagher 和 Segara(2006)研究了澳大利亞證券交易所(ASX)ETF 的折溢價情況,發現 ETF 的折溢價較小且在一天之內消失,這表明澳大利亞證券交易所的 ETF 平均而言具有定價效率。Lin 等(2006)發現 TTT(跟蹤 Taiwan Top 50 的 ETF)具有定價效率。

學者們的實證研究表明,跨國型或跨境 ETF 的折溢價遠遠高於國內型 ETF,這與跨國型 ETF 和基礎資產交易不同步、淨值延遲導致套利不順暢等因素相關。Engle 和 Sarkar(2006)研究了 16 只跟蹤國際指數

的跨國型 ETF，發現跨國型 ETF 的平均折溢價比美國國內型 ETF 的平均折溢價高出許多；而且，跨國型 ETF 的折溢價持續時間更長。Delcoure 和 Zhong（2007）使用期限更長的樣本，計算了 20 只 iShares 系列 ETF 的折溢價率，使用 Goetzmann 等（2001）、Engle 和 Sarkar（2006）的方法對非同步的淨值進行了修正，但仍然發現這 20 只 iShares 系列 ETF 存在顯著溢價，且在控制了交易成本等因素後，溢價率達到 10%～50%，這意味著 iShares 存在套利限制，其定價缺乏效率。Ackert 和 Tian（2008）對比了 2002 年至 2005 年 21 只跨國型 ETF 和 8 只本國 ETF，得到相似的結論。Ackert 和 Tian（2008）還發現，跟蹤新興市場指數的 ETF 比跟蹤發達市場指數的 ETF 具有更高的溢價，而且 ETF 的溢價具有顯著的一階序列自相關，他們認為，非同步交易造成的淨值延遲是產生自相關的主要原因。Madura 和 Richie（2004）認為國際型 ETF 對極端市場波動更為敏感。但是，Tse 和 Martinez（2007）比較了 24 只 iShares 系列國際型 ETF 當日收益率的波動率和隔夜收益率的波動率，發現跟蹤亞洲和歐洲市場的 ETF 的隔夜收益率的波動率大於當日收益率的波動率，而跟蹤美國市場的則正好相反。Tse 和 Martinez（2007）認為，由於亞洲市場（還有部分歐洲市場）的交易時間與美國市場交易時間完全不重疊造成的公共信息披露延遲是造成波動率更大的主要原因。Levy 和 Lieberman（2012）基於 17 只國際型 ETF（9 只跟蹤亞洲市場的 ETF 和 8 只跟蹤歐洲市場的 ETF）的日內高頻數據，研究這 17 只 ETF 在重疊交易時間和非重疊交易時間的定價。他們發現，在重疊交易時間，ETF 的淨值即國外市場的收益率，而不是美國市場的收益率對 ETF 的收益有很大影響；而當國外市場閉市時，美國股票市場的收益率對 ETF 的收益有很大影響。他們的研究結論與非重疊交易時間投資者過度反應的假設相一致。

還有一些學者研究反向及槓桿 ETF 的定價效率。反向及槓桿型 ETF 是對傳統 ETF 的一種創新，是通過運用股指期貨、互換合約等槓桿投資工具，實現每日追蹤目標指數收益的正向（反向）一定倍數（如 1.5 倍、2 倍甚至 3 倍）的交易型開放式指數基金。這類 ETF 一般不持有跟蹤指數的成份股，通常使用現金申購贖回而不是一攬子股票申購贖回。Charupat 和 Miu（2012）計算了 15 只分別跟蹤 S&P 500、Nasdaq 100、Russell 2000 指數的槓桿 ETF 的折溢價。他們發現，平均而言，這些

ETF 的折溢價都很小，都在交易成本和買差價差範圍之內；而且，折溢價與基金特徵有關，看多 ETF（Bull ETF）大多是折價交易，而看空 ETF（Bear ETF）大多是溢價交易；看多（空）ETF 的折溢價與所跟蹤的指數收益率是負（正）相關。Charupat 和 Miu（2012）認為這與基金日度頭寸的調整有關。Giese（2010）建立了一個一般的數學模型，用於研究槓桿及反向 ETF 的長期表現。

（2）ETF 的跟蹤能力及業績表現

通常用跟蹤誤差（Tracking Errors）來衡量 ETF 的跟蹤能力。ETF 的跟蹤誤差是指 ETF 的淨值收益率與所跟蹤指數收益率的偏差，體現了 ETF 對基準指數的相對風險。跟蹤誤差是衡量 ETF 是否具有長期投資價值的一個重要指標。傳統 ETF 投資組合的目標不是獲取盡量高的收益，而是盡量減少投資組合與所跟蹤指數之間的收益率之差，使二者最大限度地保持一致，即跟蹤誤差盡可能地小。學者們主要從以下三個方面研究 ETF 的跟蹤誤差及業績表現：

跟蹤誤差因素的分析。交易成本和管理費用是影響 ETF 跟蹤誤差的主要因素，管理費用越高，交易成本越大，跟蹤誤差就越大，ETF 的績效表現就越低於標的指數。儘管如此，管理費用並不是跟蹤誤差的唯一來源。Rompotis（2007）通過對 iShares 系列 ETF 的實證研究發現，跟蹤誤差和收益率的波動存在正相關關係。Elton（2002）發現 SPDR 的跟蹤誤差可由分紅再投資解釋。Frino 等（2004）對 S&P 500 指數基金的研究，得到相似的結論。ETF 的複製技術也會影響它的跟蹤誤差。Chu（2011）發現香港市場的 ETF 跟蹤誤差的大小與 ETF 的費用比率正相關，但跟蹤誤差的大小和規模負相關；大規模的 ETF 應具有較低的交易成本，由於規模經濟的結果從而降低跟蹤誤差，同時費用率較高的基金將產生較高的跟蹤誤差。Charupat 和 Miu（2013）指出，採用完全複製的 ETF 的跟蹤誤差是最小的，但當指數成份股調整時，這可能會導致不可接受的交易成本，而部分複製的話，ETF 的交易成本比較低，但跟蹤誤差會比較大。因此，ETF 基金管理公司採用多種最優複製策略（Ganakgoz & Beasley，2008；Corielli & Marcellino，2006）。Shum 等（2006）研究權證交易對在香港上市的中國主題 ETF 的跟蹤誤差的影響，發現權證上市以後，中國主題 ETF 的跟蹤誤差會變大。

ETF 跟蹤誤差和業績表現的研究。ETF 跟蹤誤差的計算方法與指數

基金是一樣的。Roll（1992）提出了度量指數基金跟蹤誤差的三種計算方法：絕對值法、標準差法、迴歸殘差法，其中絕對值法、標準差法是目前最常用的方法。Rompotis（2005）利用 2001 年至 2002 年的數據比較了 ETF 和相對應的指數基金的績效，兩者十分接近。Harpera 等（2006）利用 1996 年至 2001 年的數據比較了 ETF 和封閉式基金的績效，結果表明 ETF 戰勝了封閉式基金。Agapova（2011）比較了普通指數基金和 ETF 的相互替代性，認為兩者雖然可以相互替代，但指數基金不會被 ETF 完全替代，兩者共存的原因可以由客戶效應理論所解釋。Deville（2006）也得出類似的結論：ETF 比封閉式基金有更大的優勢，但相比指數共同基金，優勢並不明顯，ETF 在增強市場流動性和價格發現機制方面有重要的作用。Elton 等（2002）基於 1993 年至 1998 年的數據，發現 SPDR 能夠超越 S&P 500 指數。Svetina（2010）分析了 584 只國內型、跨國型股票 ETF 以及固定收益 ETF 的跟蹤誤差。結果表明，ETF 在統計上並不能顯著超越相應的指數基金。Johnson（2009）、Shin 和 Soydemir（2010）分析了 2004 年至 2007 年 20 只 iShares MSCI ETF 的跟蹤誤差，發現匯率變化是產生跟蹤誤差的重要影響因素。Blitz 和 Hujj（2012）發現，跟蹤 MSCI 新興市場指數的 ETF 的跟蹤誤差要高於跟蹤發達國家指數的 ETF 的跟蹤誤差。Chelley 和 Park（2011）研究在倫敦股票交易所上市的 ETF 的日內交易特徵，實證結果表明：與個股相比，ETF 具有更小的買賣差價和更低的信息不對稱；ETF 的買賣價差和波動率在開盤時會升高。

還有一些學者研究除美國、歐洲以外的 ETF 的跟蹤誤差，如 Gallagher 和 Segara（2006）研究了澳大利亞國內 ETF，Lin 和 Chou（2006）研究臺灣地區 ETF 市場，Prasanna（2012）研究印度 ETF 市場。另外一些學者研究槓桿及反向 ETF 的跟蹤誤差，如 Lu 等（2009）、Rompotis（2012）、Shum 和 Kang（2012）等學者的研究。

（3）ETF 交易對相關市場的影響

作為一種新型的金融創新產品，ETF 雖然形式上並不是真正的金融衍生品，但仍然具有金融衍生品的特性。目前很多學者探討 ETF 對相關市場的影響，這一方面的研究又可分為 ETF 交易對跟蹤指數成份股市場的影響以及 ETF 與跟蹤同一指數的衍生品如股指期貨、股指期權之間的關係研究。

ETF上市交易對現貨市場的影響。這類研究主要分析ETF上市交易對所跟蹤指數以及指數成份股的影響，研究內容包括買賣價差、成交量、波動率、定價效率的變化以及ETF價格發現功能的實現，研究的理論基礎來自Subrahmanyam（1991）、Gorton和Pennacchi（1993）。指數衍生性商品是一攬子股票的組合，每種股票的流動性並不一致，流動性較低的股票無法將新信息立即反應在股價上，這使得現貨股價指數也無法及時對新信息進行調整。因此，當市場上出現新信息時，投資者會偏好一攬子股票組合（如指數期貨或ETF）進行投機和套利。Subrahmanyam（1991）、Gorton和Pennacchi（1993）認為，如果理性投資者出於流動性需求進行交易的話，他們會優先選擇股票組合類商品而不是單只股票，因為對於單只股票來說，交易雙方信息不對稱的程度更高，因此為實現交易而支付的成本更大。這從一定程度上削弱了流動性交易需求的合理性。與Subrahmanyam（1991）、Gorton和Pennacchi（1993）等學者的觀點不同，Fremault（1991）認為，一攬子股票組合（如ETF）的交易方式提供了額外的套利途徑，套利行為增加了標的股票的流動性和定價效率。

大量的研究探討了ETF上市交易對現貨市場的影響，但並沒有得到一致的結論。Chu等（1999）利用向量誤差修正模型（VECM）探討了S&P 500指數、S&P 500指數ETF及S&P 500指數ETF（SPDRs）這三個市場的價格發現功能。實證結果表明，ETF市場最具有價格發現功能，SPDRs次之，現貨指數市場處在最後。Olienyk等（1999）研究了17種WEBS基金、12個封閉國家基金及SPDRs的價格關聯性。實證結果表明它們之間皆有顯著的長期相關性。Hasbrouck（2003）利用VECM模型考察了ETF對標的指數的價格發現功能。結果顯示：在存在迷你ETF合約（E-mini）的市場中，ETF對標的指數價格發現的貢獻很小；而在不存在E-mini的市場中，ETF對標的指數價格形成的貢獻很大。唐婉崴（2003）利用協整檢驗、誤差修正模型和衝擊反應分析等方法探討納斯達克100的現貨指數、指數期貨以及ETFs三個市場間的價格發現關係。實證結果表明：所有模型都支持ETF相對於指數期貨具有較好的價格發現能力，而現貨與期貨在價格發現能力上並沒有明顯差異。Chen等（2016）對四個以S&P 500指數為標的的指數衍生品（指數ETF、指數期權、SPDRs、SPDRs期權）的價格發現功能進行研

究。實證結果表明，在高波動時期，SPDRs 的價格發現能力超過 E-mini 指數 ETF，作者認為這與 SPDRs 機構投資者的增加以及算法交易和高頻交易的快速發展有關。

Hegde 和 McDermott（2004）發現 ETF 提高了指數成份股的流動性。Richie 和 Madura（2007）得到相似的結論，即 Nasdaq 100 指數 ETF 上市交易以後，Nasdaq 100 指數成份股的價差縮小、交易量提高。還有一些類似的研究如 Yu（2005）和 De Winne 等（2011）的研究。另外一些研究支持了 Subrahmanyam（1991）、Gorton 和 Pennacchi（1993）的逆向選擇假說。Van Ness 等（2004）發現 ETF 上市以後，道瓊斯指數成份股的買賣價差擴大了，這是由於噪聲交易者選擇 ETF 交易造成的。Hamm（2014）對 32 只行業 ETF 和 31 只規模 ETF 的實證研究表明，噪聲交易者更有可能選擇更為分散的 ETF。

一些學者研究 ETF 對現貨成份股波動的影響。Ben 等（2014）和 Krause 等（2014）認為，ETF 和一攬子股票的套利行為將 ETF 市場的流動性衝擊傳遞到現貨指數市場，從而使 ETF 交易增加了標的指數成份股的非基本面波動。更進一步地，Ben 等（2014）指出這種使成份股波動率增加的行為並不伴隨著 ETF 價格發現能力的提高，這表明 ETF 交易增加了一攬子股票的噪聲。Da 和 Shive（2013）發現，ETF 的套利行為將 ETF 市場的非基本面衝擊傳遞到股票市場，從而造成了 ETF 所持有的一攬子股票收益率的聯動。Israeli 等（2015）針對美國 ETF 市場的研究發現，ETF 持股比例的增加導致成份股的買賣價差增大、定價效率降低以及聯動性增強。Lin 和 Chang（2005）的研究表明，臺灣的 TTT ETF（跟蹤 Taiwan Top 50 指數的 ETF）推出後，增加了標的指數市場的波動性，而且對指數中各行業的影響不盡相同。Cheng 和 Madhavan（2009）介紹了槓桿及反向 ETF 的產品結構，分析槓桿及反向 ETF 對市場流動性、波動性的影響。Trainor（2010）並未發現槓桿及反向 ETF 交易影響指數波動率的經驗證據，但 Haryanto 等（2012）發現槓桿及反向 ETF 的再調整對樣本股票具有顯著影響。Krause 和 Lien（2014）指出，ETF 對成份股市場的波動溢出與 ETF 期權的交易量和成份股在 ETF 中的權重有關。

一些學者研究了 ETF 的推出是否提高了標的指數的定價效率。Ackert 和 Tian（2001）利用邊界條件和買賣平價理論，探討了 ETF 上

市前后指數市場的定價效率。實證結果顯示，在忽略交易成本和賣空限制的條件下，股票指數的實際價格和理論價格有很大的偏離，但在賣空條件的限制下則沒有偏離。Boehmer（2003）、Erenburg 和 Tse（2001）發現 ETF 上市后降低了市場的交易成本，並提高了市場的交易效率。Yu（2003）利用多資產方差分解法研究了美國 ETF 在股票市場中的價格形成和信息效率功能。結果表明 ETF 的引入提高了標的成份股的定價效率。Bertone 等（2015）使用道瓊斯工業平均指數 ETF 以及道瓊斯工業平均指數的成份股的日內數據，發現 ETF 價格與淨值顯著偏離一價定律，而且折溢價與 ETF 和成份股的波動率、流動性及交易成本相關。Xu 和 Yin（2015）發現 ETF 的同期和滯后一期交易量與所跟蹤指數的定價效率相關，ETF 的申購贖回份額與指數的定價效率也是正相關的。Glosten 等（2015）研究了 ETF 交易對標的證券定價效率的影響。結果表明 ETF 交易提高了小股票、不完美競爭市場的股票的信息效率，而且 ETF 交易提高了股票市場的聯動性和同步性。然而，Israeli 等（2015）發現 ETF 持股規模的增長反而會降低指數成份股的定價效率。

還有一些實證研究表明，ETF 的推出能提高股指期貨的定價效率。Park 和 Switzer（1995）、Switzer 等（2000）、Lu Marsden（2000）、Kurov 和 Laaser（2002）發現，ETF 推出后，股指期貨的價格偏誤明顯下降，說明 SPDRs 的推出改善了市場效率。Chu 和 Hsieh（2002）通過考慮各種交易成本及現貨市場的賣空限制，來檢驗 ETF 發行前后偏離均衡期貨價格的次數及套利效率，實證結果顯示，指數期貨價格與 ETF 價格之間存在相當密切的聯繫。由於不受賣空限制，指數期貨價格穿越理論價格下方區間的次數在上市后逐漸減少。另外，當交易者觀察到套利機會而進行套利交易時，結果往往無法實現套利利潤甚至會虧損。這表明當 S&P 500 指數期貨與 SPDRs 的相對價格發生誤差時，都能很快地調整過來。

（4）ETF 對金融市場穩定性的影響

在傳統 ETF 市場規模不斷膨脹的同時，ETF 產品結構日趨複雜，槓桿及反向槓桿 ETF、合成 ETF 等結構化 ETF 產品不斷被創造出來，其對金融市場穩定性的潛在影響受到有關各方的關注。英國金融穩定局（FSB，2011）對 ETF 市場的快速發展對金融市場穩定性的影響表示擔憂，並呼籲監管當局應當重視，並積極採取預防措施。Jarrow（2010）

總結了槓桿及反向 ETF 的風險。Ramaswamy（2011）分析了 ETF 的系統性風險以及 ETF 對金融市場穩定性影響的可能渠道。Meinhardt 等（2014）對比了傳統 ETF（Physical ETF）和合成型 ETF（Synthetic ETF）的跟蹤能力，並分析了潛在可能的風險。Bhattacharya 和 O'Hara（2016）從兩個層面定義金融市場脆弱性：市場不穩定性和羊群行為，並建立市場微觀結構模型，研究基礎資產不流動的 ETF 對金融市場脆弱性的影響。模型結果表明：基礎資產無法交易的 ETF 的上市交易會造成基礎資產非基本面衝擊的傳染效應和市場投機者的羊群行為。

（5）其他研究

Kadapakkam 等（2015）研究了 ETF 市場的信息效率，結果表明 ETF 市場是有效的。Broman（2016）研究美國國內 ETF 折溢價的聯動性，結果表明同一投資風格的 ETF 的超額聯動性在統計上顯著為正，這一結論證實了高流動性的 ETF 能夠吸引相似投資風格的短期噪聲交易者。Clifford 等（2014）利用 2001 年至 2010 年的 500 只 ETF 的交易數據，研究 ETF 現金淨流入的影響因素。結果表明，與指數基金類似，ETF 投資者也是基金業績追逐者，高交易量、低買賣價差、高折溢價率的 ETF 會吸引更多的資金流入。Martinez 等（2013）發現交易規模和指令流不平衡（Order Imbalance）是影響日本和中國 ETF 價格波動的主要因素。Broman 和 Shum（2015）發現 ETF 的流動性是周度和月度基金淨現金流流入的主要決定因素，說明高流動性的 ETF 會吸引短期交易的投資者。Chiu 等（2012）利用指數和金融行業 ETF 數據，研究了次貸危機期間融資流動性和市場流動性之間的關係。結果表明，融資流動性的提高會促進股票市場流動性的提高。

1.2.2　國內研究評述

由於中國 ETF 市場起步較晚，早期對 ETF 的研究主要集中於國外 ETF 市場的經驗介紹以及 ETF 的產品設計方面。陳春鋒和陳偉忠（2002）、陳代雲和須任榮（2002）、廖理和賈超鋒（2003）介紹了 ETF 的產品結構以及 ETF 所具有的特性等，從多方面介紹了國外交易所交易基金市場創新的最新動態及其對中國的啟示。劉俊和李媛（2002）探討了中國發展 ETF 產品的可行性。沈宏偉和李麗珍（2004）比較了 ETF 與其他金融產品。湯弦（2005）探討了 ETF 產品在中國市場的產

品設計問題。

隨著中國 ETF 市場的發展，一些學者開始對折溢價率和定價效率進行研究。陳家偉和田映華（2005）通過對 ETF 套利交易機制的分析，探討了 ETF 跟蹤誤差產生的原因。李裕強和陳展（2007）研究了上證 50ETF 的跟蹤誤差。結果表明上證 50ETF 基本能達到投資目標，但樣本後期存在跟蹤誤差變大的風險。張錚等（2012）通過研究股票停牌、漲跌停期間 ETF 的定價效率，發現上證 50ETF 具有較高的定價效率。劉偉等（2009）基於華夏上證 50ETF 和華安上證 180ETF 二級市場的高頻交易數據，分析了 ETF 跟蹤標的指數的日內誤差，研究了兩隻 ETF 實現無風險套利的市場衝擊成本和時間成本。鄒平和張文娟（2008）認為管理費和股利分配是造成上證 50ETF 跟蹤誤差的重要原因。張英奎等（2013）對上證 50ETF 的跟蹤誤差進行研究，發現上證 50ETF 的跟蹤誤差較高，ETF 基金費率在上證 50ETF 的跟蹤誤差中占的比重很小，跟蹤誤差更多地來源於複製產生的誤差。李鳳羽（2014）從投資者情緒視角解釋 A 股市場 ETF 折溢價率現象。研究發現，A 股市場的投資者情緒與 ETF 折溢價率正相關。賈雲贇（2015）分析了易方達深 100 ETF 的折溢價波動水平及其影響因素，以及相關的套利策略。劉波等（2016）基於 12 隻 ETF 申購、贖回和二級市場交易的專有帳戶級的明細數據，研究投資者結構對 ETF 定價效率的影響及其經濟機理。研究結果發現，與個人投資者不同，機構投資者的參與度與競爭度能夠有效提高 ETF 的定價效率，並且機構投資者對於 ETF 市場的這一正向作用依賴於其 ETF 市場參與經驗的累積，並且在 ETF 信息不對稱性較低時表現更強。

一些學者對中國 ETF 的套利機制進行了研究。俞光明（2013）以華夏上證 50ETF 與華泰柏瑞滬深 300ETF 這兩個流動性非常好的 ETF 基金品種為例，通過對歷史交易數據的統計分析，構建了一種適合中小投資者參與對沖套利交易的策略。付勝華等（2006）對上證 180 指數 ETF 套利進行研究。2006 年 10 月滬深 300 指數期貨開始仿真交易，2010 年 4 月正式上市，中國資本市場開啓了期貨市場發展新紀元。這之後，大量的學者對股指期貨與 ETF 之間的期現套利進行了研究。張敏和徐堅（2007）、張健和方兆本（2012）研究了基於 ETF 的股指期貨套利。黃曉坤和侯金鳴（2009）研究了一種利用 ETF 類基金進行股指期貨套利

的方法。劉嵐和馬超群（2013）分析了 ETF 基金組合與滬深 300 指數期貨合約的套利交易，研究了中國股指期貨市場定價效率及投資者行為對定價效率的影響。

還有一些學者關注中國 ETF 產品價格功能的實現問題。金德環和丁振華（2005）採用多資產方差分解法分析上證 50ETF 對標的成份股的價格發現。結果表明 50ETF 在標的成份股的價格形成過程中貢獻並不大。張宗新和丁振華（2006）從市場微觀結構角度，運用交易成本假說、交易限制假說、市場信息假說對上證 50ETF 的價格發現功能進行深入剖析。實證結果顯示，中國上證 50ETF 具有一定的價格發現功能。王良和馮濤（2010）以 5 只 ETF 產品為研究對象，對中國 ETF 基金的價格發現問題進行了研究，發現 ETF 基金淨值在價格發現過程中信息份額相對最大，ETF 基金份額在中國 ETF 基金價格發現過程中具有較強的主導作用。肖倬和郭彥峰（2010）使用 5 分鐘的高頻數據，通過誤差修正模型和方差分解等技術研究中小板 ETF 與其標的指數間的價格發現，發現在價格發現能力上，中小板 P 指數領先中小板 ETF。陳瑩等（2014）採用信息份額模型和共因子模型研究了滬深 300 指數衍生證券的多市場交易對滬深 300 指數價格發現的影響。結果顯示：股指 ETF 對價格發現貢獻度最高；允許現金贖回的華泰柏瑞 ETF 基金的價格發現貢獻度高於實物贖回的嘉實 ETF 基金。郭彥峰和肖倬（2009）研究了中國黃金市場現貨、美國黃金市場期貨、美國黃金市場 ETF 三者間的關係，發現美國黃金市場 ETF 和期貨在價格發現過程中居主導地位。

另外一些學者探討了 ETF 交易對現貨市場波動性、流動性等的影響。王婧（2006）探討了上證 50ETF 對上證 50 指數成份股的波動影響情況，實證結果表明，上證 50ETF 上市交易顯著地提高了上證 50 成份股的波動性。張立和曾五一（2013）發現股票市場與 ETF 市場之間存在顯著的雙向波動溢出效應。郭彥峰等（2007）探討了中小板 ETF 上市交易對市場質量的影響。研究結果發現：中小板 ETF 上市交易后，中小企業板市場的整體質量變好，即流動性增加、波動性減小、有效性提高。鄧興成等（2009）、蔡向輝（2012）從全球 ETF 發展趨勢和未來方向的視角出發，關注全球 ETF 市場的快速發展和槓桿及反向 ETF、合成型 ETF 對金融市場穩定性的影響。

綜上所述，我們發現，目前國外學界對 ETF 的研究比較全面，而

中國學者對 ETF 的研究還不夠系統、全面，大量的研究集中在 ETF 市場功能方面，研究樣本大多是上證 50ETF、滬深 300ETF 等幾個主要的 ETF，對中國 ETF 整體市場的研究還不夠充分。中國 ETF 市場不斷發展，我們有必要對中國 ETF 市場展開系統而詳細的研究，這正是本書的出發點。

1.3　本書研究內容及結構安排

　　本書共分八章。
　　第一章是緒論，內容包括全書的研究背景及研究意義、國內外文獻綜述、主要的研究內容以及全書的結構安排等。
　　第二章是 ETF 簡介，內容包括 ETF 的概念及特點，ETF 與封閉式和開放式基金的區別，ETF 的產品結構以及交易流程、套利策略等。
　　第三章介紹了全球 ETF 市場的發展現狀及一些新的趨勢。
　　第四章介紹了中國 ETF 市場的發展現狀及未來發展方向，對綠色金融指數化產品發展及綠色金融 ETF 產品建設進行了專門的論述。
　　第五章是對中國 ETF 市場運行效率的分析，主要從四個方面進行探討：中國 ETF 市場的定價效率、中國 ETF 的價格發現功能、中國股票型 ETF 與傳統股票指數開放式基金之間的關係、ETF 淨現金流流入的影響因素。
　　第六章分析了中國 ETF 市場與現貨市場之間的關係，從 ETF 交易對現貨市場的波動溢出、對現貨成份股的聯動性的影響兩個方面進行實證分析。
　　第七章分析了 ETF 的潛在系統性風險，內容包括新型 ETF 產品的系統性風險、新型 ETF 對金融市場系統穩定性的潛在影響；最後構建理論模型，分析基礎資產不流動的 ETF 與金融市場脆弱性之間的關聯。
　　第八章是研究的主要結論與未來的研究展望。

2　ETF 概述

本章主要介紹 ETF 的基本概念、特點、分類，ETF 的產品結構與交易機制，ETF 的套利策略。

2.1　ETF 的定義

2.1.1　ETF 的概念及特點

ETF（Exchange-Traded Fund）即交易型開放式指數基金，又稱交易所交易基金，是一種採用被動管理方式複製或跟蹤某一市場指數並且在證券交易所上市交易的創新型金融工具。實際上，ETF 是一種指數投資工具，通過複製標的指數來構建跟蹤指數變化的組合證券，使得投資者通過買賣一種產品就實現了一攬子證券的交易。作為一種新型的金融創新工具，ETF 吸取了開放式基金和封閉式基金的優點，同時避免了它們的不足，自身還存在諸多特點。

（1）被動式管理的指數基金

與一般股票型基金不同，ETF 的投資特點在於「複製指數」，採用被動式管理。在跟蹤標的指數的股票種類和數量比例方面，大部分 ETF 使用的方法是抽樣複製或完全複製。中國目前上市的 ETF 大部分採用完全複製的方法，完全按照標的指數的成份股構成及其權重構建基金投資組合，並隨其變動進行相應調整。ETF 的管理和投資的重點不在於戰勝指數，而在於追蹤指數，以追求相對於標的指數的跟蹤誤差最小為投

資目標。

（2）採用實物申購贖回機制

一般開放式基金採用現金形式進行申購贖回，而大多數 ETF 採用一攬子證券進行申購和贖回。投資者必須以指定的一攬子證券在一級市場申購 ETF 份額或者贖回 ETF 份額得到相應的一攬子證券。這是 ETF 最核心的一個特點。對基金管理人而言，ETF 減少了用現金購買股票以及為應付贖回賣出股票的環節，節省了交易費用。由於不用準備現金應對贖回，減少了現金拖累，從而進一步縮小了跟蹤誤差。

（3）獨特的雙重交易機制

ETF 兼具開放式基金和封閉式基金的特點，即 ETF 可以像開放式基金一樣，向基金管理公司申購或贖回基金份額，又可以像封閉式基金一樣在二級市場上按市場價格買賣 ETF 份額。由於同時存在一級市場的申購贖回機制和二級市場的交易機制，投資者可以在 ETF 二級市場交易價格與一級市場基金淨值之間存在差價時進行套利。當 ETF 價格高於其淨值時（溢價），投資者可以買入一攬子股票，在一級市場上用這一攬子股票申購 ETF，並在二級市場上賣出 ETF 以實現套利交易；當 ETF 價格低於其淨值時（折價），投資者可以在二級市場買入 ETF，在一級市場上贖回 ETF 得到一攬子股票，並賣出這一攬子股票以實現套利。套利機制的存在，使 ETF 避免了封閉式基金普遍存在的折價問題。

（4）投資透明

ETF 根據標的指數來構建投資組合，其資產中所持有的股票成份、權重情況在每日申購或贖回清單中都被充分地披露，日間也即時公布份額淨值。因此，投資者可以清楚地瞭解 ETF 所包含的一攬子股票的構成。而一般的開放式基金和封閉式基金不需要每日披露基金的資產組合情況，只需要每季度或每半年公布一次組合；每天或每週公布一次淨值。因此，ETF 資產組合具有很高的透明度。

（5）交易成本低廉

與其他基金相比，ETF 的交易費用相對低廉。一般情況下，ETF 基金的管理費率為 0.5%，託管費率為 0.1%，沒有申購或贖回費用。在二級市場交易時，ETF 只收取不超過股票交易的佣金，不收印花稅，所獲得的基金分紅和差價收入也免繳分紅所得稅。

表 2.1 歸納了 ETF 與開放式基金、封閉式基金的異同。

表 2.1　　　　ETF 與開放式基金、封閉式基金的異同

	封閉式指數基金	開放式指數基金	ETF
跟蹤偏度	較小	較小	最小
組合透明度	每季度公告前十大重倉股	每季度公告前十大重倉股	每日公告投資組合
管理費用	1.25%	0.5%~1%	0.5%
交易便利	二級市場交易	一級市場申購、贖回，按當日基金淨值交易	既可在一級市場申購、贖回，也可在二級市場交易
資金效率	T日交易；T+1日交收	申購T+2日後可贖回，贖回後最早T+3日到帳	一般而言投資效率高於開放式指數基金
交易成本	較低，手續費≤0.3%	較高，申購費率1.5%；贖回費率0.5%	較低，手續費≤0.3%
資金門檻	較低，1手100份	較低，申購起點1,000份	二級市場較低，1手100份；一級市場較高，通常100萬~300萬份
交易價格	通常折價	基金單位淨值	市場價格與基金淨值基本一致
投資策略	指數投資	指數投資	指數投資，T+0操作，事件套利，折溢價差套利，短期賣空，其他

2.1.2　ETF 的分類

ETF 使直接買賣指數成為現實，本身又兼具交易費用低廉、投資透明、交易便捷等優勢，近年來成為全球金融市場最受矚目的創新投資工具。2000 年以來，ETF 產品創新速度加快，在產品數量和資產規模持續增長的同時，產品類別逐漸多樣化，整個 ETF 市場呈現百花齊放的景象。

按照投資標的進行分類，ETF 可以分為股票型 ETF、債券型 ETF、商品 ETF、貨幣 ETF、外匯 ETF 等。股票型 ETF 是跟蹤某一股票指數的 ETF，根據所跟蹤的指數的類別又可以分為寬基指數 ETF 或規模指數 ETF、行業指數 ETF、主題指數 ETF、風格指數 ETF、跨境指數 ETF 等。債券型 ETF 是以債券類指數為跟蹤標的的交易型證券投資基金。商品

ETF 一般可分為實物支持 ETF 與非實物支持 ETF 兩類。實物支持 ETF 直接持有實物資產，主要用於貴金屬領域；非實物支持 ETF 主要投資於大宗商品期貨等金融衍生品，主要覆蓋工業金屬、能源、農產品等資產類型。目前全球主要的商品 ETF 有石油 ETF、黃金 ETF 和白銀 ETF。貨幣 ETF 就是可以交易的貨幣基金，其核心功能是對場內投資者的保證金餘額的管理。目前，中國所有的貨幣 ETF 均施行「T+0」回轉交易，日均成交金額已遠超滬深兩市所有個股，成為交易所流動性最好的品種。外匯 ETF 是以追蹤單一外匯或一攬子外匯的匯率變動為目標的 ETF，通過持有外匯現貨、期貨或期權等衍生工具來建立外匯頭寸。

根據投資市場的不同，ETF 還可以分為單市場 ETF、跨市場 ETF 和跨境 ETF。單市場 ETF 是指以單一市場指數為跟蹤標的的 ETF，如跟蹤上證 50 指數的上證 50ETF。跨市場 ETF 是指以跨市場指數為跟蹤標的的 ETF，如跟蹤滬深 300 指數的華泰柏瑞滬深 300ETF。跨境 ETF 是指以境外資本市場證券構成的境外市場指數為跟蹤標的的 ETF，如跟蹤美國納斯達克 100 指數的國泰納指 100ETF、跟蹤香港恒生指數的易方達恒生 ETF。

根據運作方式的不同，ETF 還可以分為槓桿 ETF、反向槓桿 ETF、分級 ETF、合成 ETF、聰明貝塔 ETF（Smart Beta ETF）。反向及槓桿 ETF（Inverse and Leveraged ETFs）是近年來境外 ETF 市場發展中的重大創新。它的特點在於運用槓桿投資技術（如股指期貨、互換合約等）實現每日對目標指數收益的正向或反向的一定倍數的追蹤，從而能夠在指數上漲時放大收益，或者在指數下跌時獲得正向收益。槓桿 ETF（Leveraged ETF），又稱做多或看多 ETF（Bull ETF），是通過運用股指期貨、互換合約等槓桿投資工具，實現每日追蹤目標指數收益的正向一定倍數（如 1.5 倍、2 倍甚至 3 倍）的交易型開放式指數基金。當目標指數收益變化 1% 時，基金淨值變化可以達到合同約定的 1.5%、2% 或 3%。當槓桿倍數為 1 倍時，槓桿 ETF 實際上就相當於傳統 ETF。反向 ETF（Inverse ETF），又稱做空 ETF 或看空 ETF（Short ETF 或 Bear ETF），是通過運用股指期貨、互換合約等槓桿投資工具，實現每日追蹤目標指數收益的反向一定倍數（如 -1 倍、-2 倍甚至 -3 倍）的交易型開放式指數基金。當目標指數收益變化 1% 時，基金淨值變化達到合同約定的 -1%、-2% 或 -3%。分級 ETF 是一類創新型的 ETF 產品，不

僅具備分級基金各份額間的收益分配機制，也沿襲 ETF 即時申贖的高效性。與槓桿 ETF 不同，分級 ETF 是通過引入資產的結構化分配來實現分級特徵，一個基金同時包括做多份額和做空份額。合成 ETF（Synthetic ETF）並不實際持有相關資產，而是通過投資與基準指數匯報掛勾的金融衍生工具來擬合指數收益。合成 ETF 的投資通常採取非融資性互換（Unfunded Swap）、融資互換（Funded Swap）兩種形式。聰明貝塔 ETF 是一類通過改變指數的市值加權方式，以基於規則或量化的方法，增加指數在某些風險因子上的暴露，從而獲得相應超額收益的 ETF，是近年全球 ETF 市場上最為炙手可熱的一類交易所交易產品。

表 2.2 歸納了 ETF 的分類。目前中國市場上暫時沒有槓桿 ETF、反向槓桿 ETF 和分級 ETF 品種。

表 2.2　　　　　　　　　　ETF 的分類

根據投資標的的不同	股票型 ETF（寬基 ETF、行業 ETF、風格 ETF、主題 ETF） 債券型 ETF 商品 ETF（石油 ETF、黃金 ETF、白銀 ETF） 貨幣 ETF 外匯 ETF
根據投資市場的不同	單市場 ETF、跨市場 ETF、跨境 ETF
根據運作方式的不同	槓桿 ETF、反向槓桿 ETF、分級 ETF、合成 ETF、聰明貝塔 ETF

2.2　ETF 的交易機制

ETF 兼具開放式基金和封閉式基金的特點，在實踐中，ETF 交易市場有一級市場和二級市場。具體來說，在 ETF 產品上市之前，投資者首先可以在首次募集期間認購；產品上市以後，投資者可以在一級市場通過一攬子證券組合（或有少量現金）申購 ETF 份額，或以 ETF 份額贖回一攬子股票（或有少量現金）；同時，投資者還可以在二級市場上

像買賣股票一樣買賣 ETF 份額。

　　圖 2.1 給出了 ETF 一級市場和二級市場的交易方式圖。ETF 一級市場的申購贖回機制不同於其他開放式基金。ETF 多採用實物申購贖回機制，即投資者根據基金管理人在開盤前發布的申購清單用組合證券進行申購或贖回。在部分成份股因流動性不佳或停牌而無法從二級市場購入的情況下，可用現金替代。此外，由於現金頭寸等其他形式資產的存在，ETF 投資組合與一攬子成份股市值及現金替代部分存在少量差異，所以申購清單除了組合證券和現金替代部分外，還包括少量的現金差額部分。此外，ETF 在一級市場的交易有最低申購贖回單位的限制，每只 ETF 的最小申購贖回單位可能不盡相同，通常 ETF 的最小申購贖回單位為 100 萬份。由於 ETF 最小的申購贖回單位金額都比較大，所以一般情況下只有機構投資者或者資產規模較大的個人投資者才能參與 ETF 的一級市場申購與贖回。

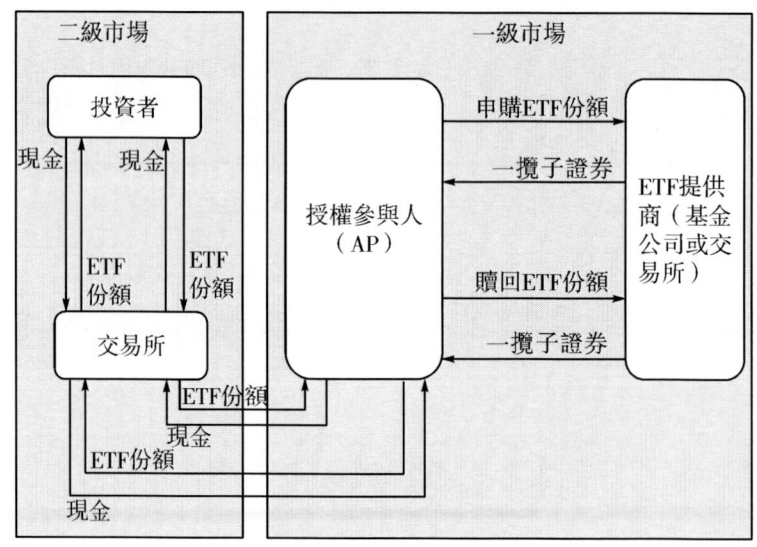

圖 2.1　ETF 的交易方式圖

　　普通投資者參與 ETF 交易最便捷的方式是在二級市場上像買賣股票一樣買賣 ETF 份額。ETF 交易的佣金不高於股票，且不繳納印花稅，因此投資者的買賣成本比買賣股票更低。除債券交易型開放式基金、黃金交易型開放式基金、上市交易的貨幣市場基金、跨境交易型開放式基

金以外，大多數 ETF 份額的二級市場交易與股票的交易方式完全相同，即 T 日買入份額在 T+1 日開盤後才可以賣出，T 日不能賣出；T 日賣出份額所得資金可用於其他場內證券的買入，但只有到 T+1 日開盤後才可以從資金帳戶中轉出。2015 年 1 月 9 日，深交所發布關於修改《深圳證券交易所交易規則》的通知，上交所發布關於修改《上海證券交易所交易規則》的通知，對債券交易型開放式基金、黃金交易型開放式基金、上市交易的貨幣市場基金、跨境交易型開放式基金自 2015 年 1 月 19 日開始實行當日回轉交易，即「T+0」交易。

滬深兩市目前對兩市 ETF 的申購贖回機制是一致的，即所有的單市場 ETF 均無法實現日內買賣和申贖①，但根據上述規則，投資者可以變相實現成份股的「T+0」交易。例如：投資者可以當日在二級市場買入成份股，然后立即申購 ETF 份額，確認后將 ETF 份額在二級市場賣出；或者當日在二級市場買入 ETF 份額，確認后立即申請贖回得到成份股，然后將成份股賣出。

圖 2.1 中的一級交易商（Authorized Participant，AP）又稱授權參與人，相當於做市商，即證券公司以自有資金或證券，不斷地向其他交易者同時報出證券的買入價和賣出價，並在報價價位上接受買賣要求，保證及時成交。境外 ETF 只有授權參與人才能申購或贖回，其他投資者不能申購或贖回。

2.3　ETF 的交易策略

（1）折溢價套利

ETF 既可以在一級市場上申購、贖回，又可以在二級市場上交易買賣，因此 ETF 具有即時淨值和即時交易價格。根據一價定律，ETF 在一級市場和二級市場上的價格應該相等。但是，在實際交易中，由於供求關係等原因，ETF 的價格並不等於 ETF 的淨值。當這兩者存在偏差時，

---

① 目前滬深兩市均規定：當日申購的 ETF 基金份額，同日可以賣出，但不得贖回；當日買入的基金份額，同日可以贖回，但不得賣出。

市場上就存在套利機會。其中 IOPV（Indicative Optimized Portfolio Value）是 ETF 的基金份額參考淨值，投資者可以根據基金合同或者招募說明書中的計算方法及基金管理人在每個交易日提供的申購贖回清單，按照清單內組合證券的最新成交價格計算，作為 ETF 基金份額淨值的估計。ETF 的 IOPV 每 15 秒計算並公告一次，作為對 ETF 基金份額淨值的估計，是盤中動態的 ETF 淨值。

在交易時段，當 ETF 價格高於 IOPV 時（ETF 溢價），套利者通過買入一攬子股票，在一級市場上用這一攬子股票申購 ETF，並在二級市場上賣出 ETF，從中獲利；當 ETF 價格低於 IOPV 時（ETF 折價），套利者在二級市場買入 ETF，在一級市場上贖回 ETF 得到一攬子股票，賣出這一攬子股票，從中獲利。根據上海證券交易所發布的《上海證券交易所交易型開放式指數基金業務實施細則》第 22 條規定，允許 ETF 在一級、二級市場之間實現變現的「T+0」交易，且一天之內不會有次數限制，該交易機制設計為 ETF 的套利實現提供了保證。

ETF 折溢價套利涉及一攬子股票的買賣、ETF 份額的申購贖回以及 ETF 買賣等大量操作。套利者還必須考慮套利的交易成本，包括變動成本、衝擊成本和等待成本。只有 ETF 的折溢價率超過套利者的套利成本，套利才有可能成為一種有利可圖的投資。

（2）事件套利

股票型 ETF 每日公布的申贖清單會包含所跟蹤指數的全部或部分成份股，而與這些成份股相關的公司事件便有可能給投資者帶來套利機會。

公司事件主要包括重大事件公告，如增發、配股、併購和早年的股改等。公司事件套利主要針對停牌股，即在成份股因公告、股改、增發等事件停牌期間，投資者預估其價格復牌后會有大幅漲跌的可能。在 ETF 二級市場還沒有充分反應其復牌后價格預期之前，投資者可以進行溢價或折價套利操作，獲取套利收益。在實際操作中，事件套利包括以下兩種模式：

一是預估成份股復牌后會有較大幅度上漲，通過 ETF 折價套利買入停牌股。投資者首先在二級市場上買入 ETF 份額，申請贖回，得到一攬子股票組合后，按市價將除停牌以外的其他股票賣出，留下停牌股。

二是預估成份股復牌后會有較大幅度下降，通過 ETF 溢價套利賣空停牌股。投資者在二級市場上買入除停牌股以外的其他股票，利用現金代替方式將上述股票組合連同停牌股現金申購 ETF 份額，然後在二級市場上賣出 ETF。

事件套利成功與否主要取決於 ETF 管理人對於停牌股票的處理方式，在必須使用現金替代模式下該套利模式不具備可操作性。

（3）期現套利

ETF 期現套利是指當股指期貨價格和現貨價格出現偏離時，利用 ETF 組合來盡可能複製現貨指數，實現期貨和現貨之間的基差收益。期現套利的基本思路是：當股指期貨和 ETF 組合構成的現貨出現較大的偏離時，如果在考慮套利成本的情形下仍然存在一定的折價或溢出，投資者可以通過買入價值較低的資產的同時賣出價值較高的資產，從而獲取阿爾法收益。期貨套利又分為正向套利和反向套利。反向套利是指當股指期貨出現貼水時，投資者賣出指數現貨即 ETF 同時買入股指期貨；正向套利是指當股指期貨出現升水時，投資者買入指數現貨同時賣出股指期貨。不管是正向套利還是反向套利，實施期現套利之前首先要明確套利成本，套利成本等於交易成本和跟蹤誤差之和。

3 全球 ETF 市場發展概況

3.1 全球 ETF 市場發展現狀

1990 年，加拿大多倫多證券交易所（TSE）推出了指數參與份額（TIPs），這被視為最早的 ETF，但該產品已於 2000 年終止上市。1993 年，道富環球投資（State Street Global Advisors）與美國證券交易所合作，推出了標準普爾存托憑證（Standard & Poor Depositary Receipt, SPDR），這是全球第一只真正意義上的跟蹤 S&P 500 指數的 ETF，至今它仍是世界上最受歡迎的 ETF 產品之一。1999 年成立的香港盈富基金（The Hong Kong Tracker Fund）是亞洲最早的 ETF 產品。歐洲的第一只 ETF 是 2001 年成立的歐洲斯托克 50 指數 ETF（Euro Stoxx 50）。此后，ETF 在全球範圍內發展迅猛。截至 2015 年 12 月，經過短短 22 年的發展，全球 ETP（交易所交易產品）已經超過 6,100 只，其中 ETF 產品數量超過 4,430 只，占 ETP 市場近 8 成。全球 ETF 資產規模從 2001 年的 0.1 萬億美元增長到 2015 年的 2.8 萬億美元，10 年平均複合增長率為 25.1%，成為全球金融市場上增長最快的產品。從 2006 年開始，全球 ETF 市場進入高速發展期，ETF 發行速度較之前大大提高，ETF 產品數量直線上升，資產規模迅速擴大。2008 年，受次貸危機影響，ETF 資產有所下降，但第二年全球 ETF 市場出現爆發式增長，大幅高於金融危機前的水平。而從數量來看，全球 ETF 始終保持正增長，顯示出強勁的生命力。全球 ETF 發展趨勢如圖 3.1 所示。

3 全球 ETF 市場發展概況

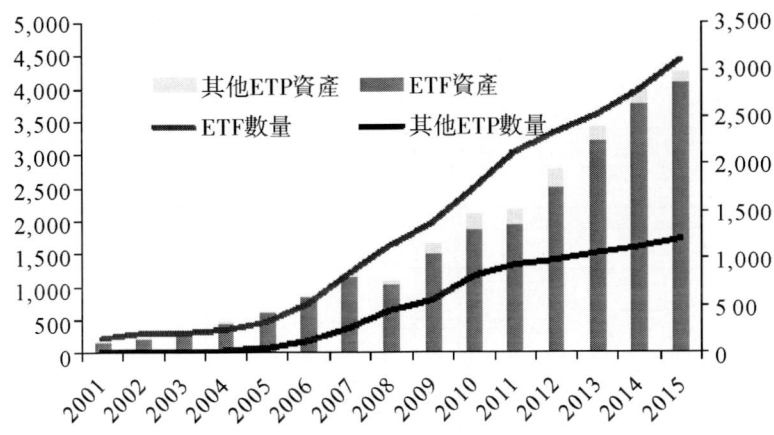

圖 3.1　全球 ETF 發展趨勢

數據來源：ETFGI. ETFGI Monthly Newsletter ［EB/OL］.［2015-07-11］. http://d1xhgr640tdb4k.cloudfront.net/552fc41fd719adfe5d000051/1436613461/etfgi_newsletter_global_201506.pdf.；其他 ETP 是指不包括 ETF 的 ETP 產品。

放眼全球，在經濟整體陷於疲態的情況下，全球 ETF 產品規模繼續維持穩定增長態勢，2016 年以來增長了約 5%，ETF 產品規模首次突破了 3 萬億美元，亞洲地區的 ETF 產品規模也創造歷史新高，達到了3,010 億美元，增長超過了 20%，其中槓桿 ETF、高股息 ETF 等產品表現尤為搶眼。

經過 20 多年的發展，ETF 已經成為產品種類繁多的「大家族」。目前 ETF 的標的資產已經由傳統的股票拓展到固定收益、商品、貨幣、外匯等主要大類資產，實現了多元化和廣泛化。圖 3.2 給出了全球 ETF 的家族圖譜。目前商品類 ETF 是 ETF 市場產品創新的主要方向，如石油、黃金等資源品以及玉米、小麥等農產品。從另類投資品種來看，ETF 市場出現了外匯、多空、槓桿、波動、期貨等結構化產品。其中，從全球來看，外匯 ETF 的主流品種為美元、歐元、日元、加元和瑞士法郎，而澳元、新幣、人民幣同樣有對應的貨幣 ETF。此外，還有跨境ETF 品種，這類 ETF 可以使國內投資者更方便地投資國際市場。

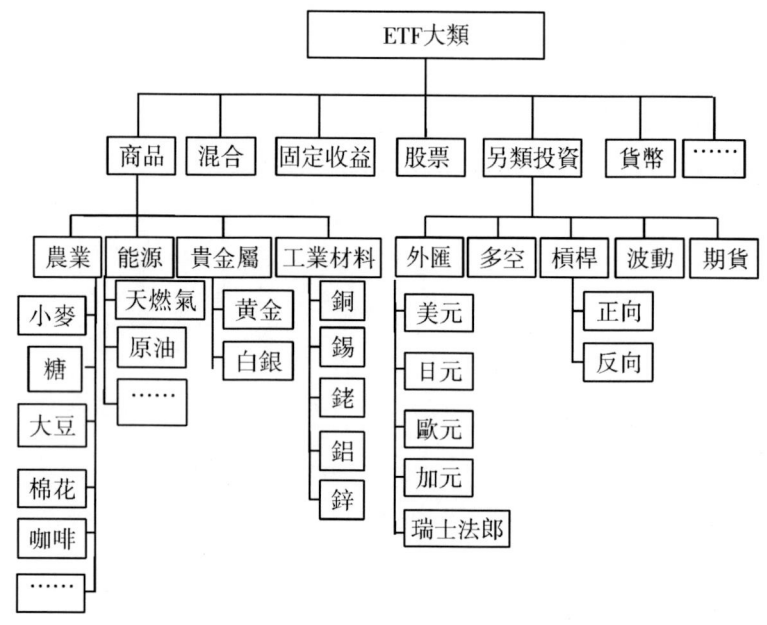

图 3.2 ETF 族谱图

资料来源：Deutsche Bank. ETF Annual Review & Outlook［EB/OL］.［2014-01-16］. http://www.fullertr-eactnibet.com/system/data/files/PDFs/2014/January/20th/ETFreoirt.pdf.

　　從產品結構來看，傳統的股票型 ETF 依然占據主要地位，截至 2014 年年底，股票型 ETF 占全球 ETF 市場份額的 81.8%，固定收益率產品發展迅速，以 17% 位居第二，而商品類 ETF 和其餘各品種 ETF 占比均比較小，占比分別為 0.8% 和 0.4%。如圖 3.3 所示。

　　目前，ETF 產品遍布全球各大洲的主要市場。圖 3.4 給出了全球 ETF 市場區域規模占比圖，從圖中可以看出，ETF 市場的地區集中度極高。美國在全球 ETF 市場一家獨大，截至 2013 年年末，美國市場 ETF 規模達到了 2.1 萬億美元，占全球 ETF 市場規模的 72%。歐洲緊隨美國之後，市場規模約為 5,000 億美元，占比為 18%。此外，亞洲（主要是日本、新加坡、中國香港、中國內地、臺灣）規模為 2,000 億美元，占比為 7%，而全球其他洲的資產規模很小，占比僅為 3%。

3 全球 ETF 市場發展概況

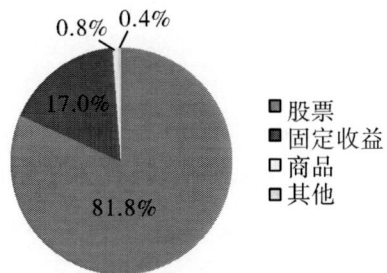

圖 3.3　全球 ETF 產品規模占比圖（截至 2014 年年底）

數據來源：Deutsche Bank. ETF Annual Review & Outlook ［EB/OL］. ［2014 - 01 - 16］. http://www.fullertr-eactnibet.com/system/data/files/PDFs/2014/January/20th/ETFreoirt.pdf；Deutsche Bank. ETF Annual Review & Outlook ［EB/OL］. ［2015 - 01 - 26］. https://www.altii.de/media/modelfield_files/fondsportal/press-release/pdf/Deutsche_Bank_Research_ETF_Market_Review_2014_Outlook_2015.pdf.

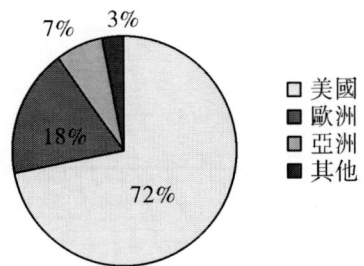

圖 3.4　全球 ETF 市場區域規模占比圖（截至 2013 年年底）

數據來源：Deutsche Bank. ETF Annual Review & Outlook ［EB/OL］. ［2014-01-16］. http://www.fullertr-eactnibet.com/system/data/files/PDFs/2014/January/20th/ETFreoirt.pdf.

從全球管理 ETP 規模最大的十家基金來看，全球 ETF 市場寡頭壟斷格局明顯。如表 3.1 所示，截至 2015 年年底，全球前十大管理 ETP 的基金管理公司的規模占到了全球總額的 84.6%[①]，而 ETF 行業的龍頭 iShares（安碩）旗下的 ETP 產品多達 759 只，市場規模達 1.1 萬億美元，市場份額接近 38%。除此之外，Vanguard（先鋒）和 State Street（道富）擁有的 ETP 數量分別為 122 只和 251 只，市場規模達 5,093 億美元和 4,425 億美元，市場份額分別為 17.2% 和 15%。可見，全球前三

[①] 非 ETF 產品如 ETN、ETC、ETV 等占 ETP 總數的比例極低，可以將 ETP 近似看成是 ETF。

大 ETP 發行商共發行 ETP 產品 1,132 只，占全球的 18%；資產管理規模超過 2 萬億美元，占全球的 70%。表 3.1 也反應了全球 ETF 市場「一家獨大」的特點，第一名和第二名的市場份額差距很大。其中除 Nomura（野村證券）和 Lyxor（領先）不是美國公司，其他的都是美國公司，其全球市場份額近 81%，表明美國在全球 ETF 市場一枝獨秀。

表 3.1　全球管理 ETP 規模最大的十家基金公司（截至 2015 年年底）

基金公司	淨資產 （十億美元）	市場份額 （%）	數量 （只）
iShares	1,109.6	37.5	759
Vanguard	509.3	17.2	122
State Street	442.5	15	251
Powershares	102.1	3.5	212
DBX-Trackers	86.2	2.9	287
Nomura	65.2	2.2	71
Wisdom Tree	53.7	1.8	162
Lyxor	43.1	1.5	232
First Trust Portfolios	43.1	1.5	121
Charles Schwab	39.7	1.3	21

數據來源：BlackRock. BlackRock ETP landscape December 2015［EB/OL］.［2016-01-14］. http://www.mondorisione.com/media-and-resources/news/blackrock-etp-landscape-december-2015/.

表 3.2 列出了截至 2013 年年底全球規模最大的十只 ETF 及其市場份額（2013 年全球 ETF 市場規模為 2.25 萬億美元）。可以看出，ETF 市場集中度極高，前十大 ETF 規模占全球的 1/4。此外，明星 ETF 規模巨大，美國第一只 ETF 即跟蹤 S&P 500 指數的 SPDR ETF 規模超千億美元，占比超過 7%。除 SPDR 外，其他一些 ETF 如 iShare Cores、iShare MSCI、Vanguard 新興市場 ETF、QQQ 也取得巨大的成功，市場份額平分秋色，占比分別為 2.39%、2.35%、2.07%、2.02%。規模巨大、成交活躍的 ETF 吸引了以其為標的的衍生品的進一步發行。在美國，ETF 期權的發展遠遠好於指數期權的發展。芝加哥期權交易所 2001 年推出

的 QQQ 期權一上市，交易量就遠超 Nasdaq 100 指數期權。1997 年上市交易的以 SPDR 為標的的標普 500ETF 期權（SPY 期權），是目前全球成交最為活躍的 ETF 期權，SPY 期權交易量增長速度要高於 S&P 500 指數期權。另外，場外 ETF 衍生品也得到了快速開發，遠期 ETF 發展較為迅速，已經成為國際金融機構對沖風險，尤其是規避股指期貨持倉風險的常用工具。

表 3.2　　全球規模最大的十只 ETF（截至 2013 年年底）

基金名稱	資產規模 （百萬美元）	市場份額 （%）	發行者
SPDR S&P 500 ETF	174,850	7.77	State Street
iShares Core S&P 500 ETF	53,709	2.39	BlackRock
iShares MSCI EAFE ETF	52,826	2.35	BlackRock
Vanguard FTSE Emerging Markets ETF	46,555	2.07	Vanguard
PowerShares QQQ Nasdaq 100	45,338	2.02	PowerShares
iShares MSCI Emerging Markets ETF	40,125	1.78	BlackRock
Vanguard Total Stock Market ETF	39,154	1.74	Vanguard
iShares Russell 2000 ETF	28,271	1.26	BlackRock
iShares Core S&P Mid-Cap ETF	22,751	1.01	BlackRock
iShares Russell 1000 Growth ETF	22,673	1.01	BlackRock

數據來源：Deutsche Bank. ETF Annual Review & Outlook [EB/OL]. [2014-01-16]. http://www.fullertr-eactnibet.com/system/data/files/PDFs/2014/January/20th/ETFreoirt.pdf.

從全球市場來看，ETF 標的指數集中度極高。如表 3.3 所示，截至 2012 年年底，包括股票、債券、商品等各類資產在內的前十大標的指數市場份額超過 30%，其中標普 500 指數所對應的 ETF 產品、倫敦下午金所對應的產品規模占比非常高。

表 3.3　　全球前十大 ETF 標的指數（截至 2012 年年底）

基金名稱	資產規模 （十億美元）	市場份額 （%）	數量 （只）
SPDR S&P 500 TR	174	9.26	32
London Fix Gold PM PR（倫敦下午金）	132	7.02	29
MSCI EM NR（新興市場指數）	59	3.12	19

表3.3(續)

基金名稱	資產規模（十億美元）	市場份額（%）	數量（只）
MSCI EAFE NR（歐亞澳中東指數）	50	2.68	12
BarCap US Agg Bond TR	34	1.83	8
Nasdaq 100 TR	33	1.77	18
FSE DAX TR EUR	30	1.58	13
S&P MidCap 400 TR	30	1.58	16
IBOXX Liquid Investment Grade TR	25	1.35	2
DJ US Total Float Adjusted TR	25	1.32	2

數據來源：理柏（Lipper）基金公司 http://www.lipper.eaders.com/index.aspx#.

3.2 全球 ETF 市場發展新趨勢

在傳統型 ETF（Plain Vanilla ETF，又稱香草型 ETF）市場規模不斷膨脹的同時，全球 ETF 市場不斷推陳出新，創新產品層出不窮，相繼出現了槓桿和反向 ETF、合成 ETF、聰明貝塔 ETF 等，其中聰明貝塔 ETF 近年來獨領風騷，2015 年更是紅極一時。

3.2.1 槓桿和反向 ETF（Leveraged and Inverse ETF）

傳統 ETF 通常被動追蹤目標指數，追求與目標指數相同的回報，淨值或價格通常與目標指數同漲同跌。在傳統 ETF 的基礎上，境外市場推出了能夠在市場下跌時上漲或者能夠在市場上漲時放大收益的新型 ETF，即反向及槓桿 ETF。槓桿 ETF（Leveraged ETF），又稱做多或看多 ETF（Bull ETF）。反向 ETF（Inverse ETF），又稱做空 ETF 或看空 ETF（Short ETF 或 Bear ETF）。反向及槓桿 ETF 是指通過運用股指期貨、互換合約等金融衍生工具，以期獲得潛在指數或資產的多倍收益或反向收益的交易型開放式指數基金。在實際操作中，它通常追求的是目標指數的固定槓桿倍數，如 2 倍或 –1 倍。

全球第一只槓桿和反向槓桿 ETF 是瑞典 XACT Founder AB 公司於

2005年2月發行的XACT Bull ETF和XACT Bear ETF。兩只ETF的標的指數都是瑞典OMXS30指數，對應槓桿分別為1.5倍和-1.5倍，即當目標指數在一個交易日上漲1%時，XACT Bull ETF和XACT Bear ETF的淨值將分別上漲1.5%和-1.5%。截至2016年8月，XACT Bull ETF和XACT Bear ETF的市場規模分別為3.95億美元和6.94億美元。

美國首批槓桿型ETF則由ProShares公司於2006年推出。隨後，Rydex、Direxion、Horizons BetaPro等公司也紛紛推出槓桿型ETF產品，這些產品或追蹤S&P500、Dow 30等主流指數，或追蹤行業指數，也有追蹤國際指數或相關商品指數的。Direxion還推出了標的為新華富時中國25指數的中國2倍反向ETF（China Bear 2x Fund）和2倍正向槓桿ETF（China Bull 2x Fund）。此后，反向及槓桿ETF很快就風靡全球，歐美發達市場紛紛發行反向及槓桿ETF產品，如美國的ProFunds、Direxion等公司，英國的Lyxor、ETF Securities等公司，德國的Deutsche Bank等，其產品在美國、加拿大、英國、德國、法國、瑞典等國的多家交易所掛牌交易。此外，韓國的槓桿ETF比較活躍，成交量占整個韓國市場ETF交易量的50%左右。

截至2016年5月27日，全球槓桿及反向ETF共344只，規模高達528.96億美元。從圖3.5可以看出，全球槓桿ETF的發展經歷了先高速增長后回落這兩個階段。2009年以前，槓桿型ETF每年增加的產品數量持續井噴，在2008年達到峰值。2008年次貸危機爆發，美國金融業監管局（FINAR）和美國交易委員會（SEC）出抬大量針對槓桿ETF的監管措施，導致槓桿ETF的增長速度大幅下滑。

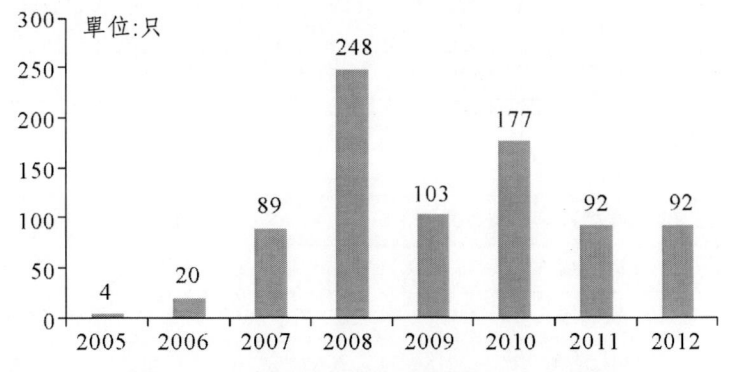

圖3.5 全球歷年新成立的槓桿及反向ETF數量

數據來源：彭博（Bloomberg）公司 http://www.bloomberg.com/.

与傳統 ETF 類型一致，根據標的資產類型，槓桿及反向 ETF 可以分為債券型、貨幣型以及股票型。表 3.4 給出了槓桿及反向 ETF 龍頭管理公司 ProShares 的系列產品類型。

表 3.4　　　　　　　ProShares 系列產品類型　　　　　　單位：只

	全市場股票指數類	行業股票指數類	國際股票指數類	固定收益類	商品指數類	貨幣類
槓桿 ETF	11	19	7	3	4	2
反向 ETF	17	21	10	8	4	4

數據來源：PROFUNDS 公司網站 http://www.proshares.com/，數據截至 2016 年 9 月.

表 3.5 給出了全球槓桿及反向 ETF 分類產品的市場規模數量及其相應的占比。從細分產品來看，股票類產品占比最大，其中槓桿股票 ETF、反向股票 ETF 的規模分別為 240.59 億美元、129.24 億美元，數量分別為 156 只、80 只，槓桿及反向型股票 ETF 在規模和數量上均占到全部產品的 70% 左右。規模位列第三、第四的是槓桿商品 ETF、反向債券 ETF，兩者規模分別為 40.29 億美元、38.04 億美元，數量分別為

表 3.5　全球槓桿及反向 ETF 系列產品分類（截至 2016 年 5 月）

	類型	數量（只）	占總數量的比重(%)	規模（億美元）	占總規模的比重(%)
槓桿 ETF（212 只）	債券類	19	5.52	30.70	5.80
	商品類	27	7.85	40.29	7.62
	貨幣類	7	2.03	6.69	1.26
	股票類	156	45.35	240.59	45.48
	波動率類	3	0.87	13.24	2.50
反向 ETF（132 只）	債券類	24	6.98	38.04	7.19
	商品類	20	5.81	10.00	1.89
	貨幣類	5	1.45	6.91	1.31
	股票類	80	23.26	129.24	24.43
	波動率類	3	0.87	13.24	2.50

數據來源：PROFUNDS 公司網站 http://www.proshares.com/.

27只、24只，規模占比分別為7.62%、7.19%。2015年，槓桿ETF共獲得63億美元資金流入，資產規模較年初增長26%，高於ETF總規模12%的增長速度。其中，看空原油ETF的發展最快，如VelocityShares三倍看空原油ETF獲得24億美元流入，創6年來槓桿ETF資金流入的最高紀錄。

3.2.2 合成ETF（Synthetic ETF）

2005年以後，ETF市場的產品結構出現了新變化，在傳統ETF市場規模穩步增長的同時，合成ETF正在全球市場悄然興起，成為ETF市場快速發展的生力軍。尤其在歐洲市場，合成ETF占據歐洲ETF市場近半壁江山（如圖3.6所示）。

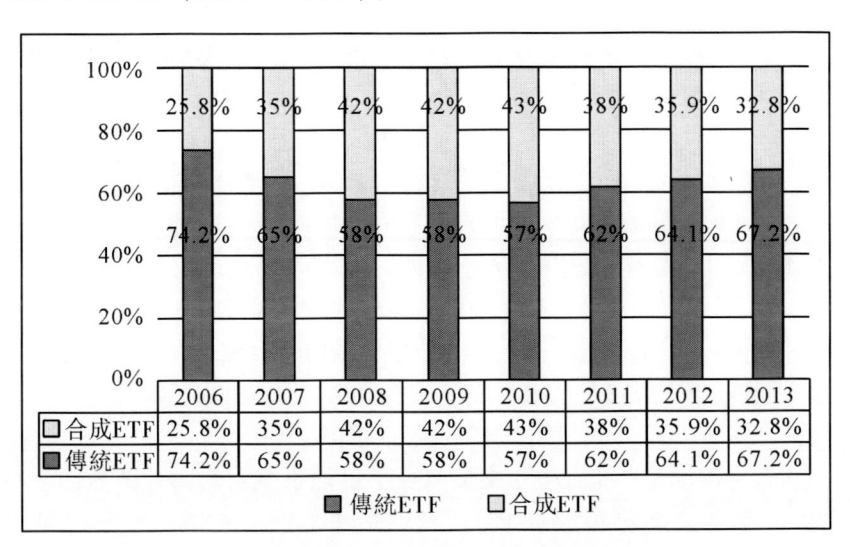

	2006	2007	2008	2009	2010	2011	2012	2013
合成ETF	25.8%	35%	42%	42%	43%	38%	35.9%	32.8%
傳統ETF	74.2%	65%	58%	58%	57%	62%	64.1%	67.2%

圖3.6 歐洲傳統ETF與合成ETF市場規模占比圖

數據來源：Deutsche Bank. ETF Annual Review & Outlook［EB/OL］.［2014-01-16］. http://www.fullertr-eactnibet.com/system/data/files/PDFs/2014/January/20th/ETFreoirt.pdf；Deutsche Bank. ETF Annual Review & Outlook［EB/OL］.［2015-01-26］. https://www.altii.de/media/modelfield_files/fondsportal/press-release/pdf/Deutsche_Bank_Research_ETF_Market_Review_2014_Outlook_2015.pdf.

合成ETF並不實際持有相關資產，而是通過投資與基準指數匯報掛鉤的金融衍生工具來擬合指數收益。合成ETF的投資通常採取非融資性互換（Unfunded Swap）、融資互換（Funded Swap）兩種形式。總

收益互换（Total Return Swap）是合成 ETF 最常用的追蹤指數收益的衍生品。在非融資性互換 ETF 結構中，ETF 發行人創造 ETF 份額時從授權參與者（Authorized Participant，又稱做市商）手中獲得的是現金而不是傳統 ETF 結構中的一籃子股票，並利用這部分現金與另一金融仲介達到總收益互換交易，以獲得 ETF 標的資產的收益；與此同時，總收益互換的對手方將提供股票資產組合作為擔保，但擔保資產組合可以完全不同於 ETF 標的資產。在融資性互換 ETF 結構中，不同的是，抵押資產以三方協議形式存在而非真實出售。也就是說，ETF 發行人不是擔保資產的直接受益所有人，而且通常要求超額擔保 10%～20%，整個交易結構也更像一個信息或證券連結票據，並通過擔保降低對手方風險。

3.2.3 聰明貝塔 ETF（Smart Beta ETF）

2015 年全球 ETF 市場表現最為搶眼的是聰明貝塔 ETF。截至 2015 年 12 月，Smart Beta ETF 已經占到美國上市 ETF 市場規模的四分之一。2015 年，三分之一新發行的 ETF 產品都是採用 Smart Beta 策略。根據晨星公司（Morningstar）的統計，使用 Smart Beta 策略的基金規模已經從 2008 年的 1,030 億美元飆升至 2015 年年底的 6,160 億美元。

傳統 ETF 大多複製市場基準指數，追求與跟蹤指數盡可能一致的收益。大多數市場基準指數採用市值加權計算，而市值加權指數會導致被高估的股票權重過大、被低估的股票權重過低，從而影響市場組合的超額收益。更重要的是，跟蹤市場基準指數並不能獲取超額收益，這時候基於 Smart Beta 交易策略的 ETF 應運而生。

Smart Beta 策略是近十年來最為炙手可熱也是討論為最熱烈的一種交易策略，又稱為策略貝塔（Strategic Beta）、基本面指數化策略（Fundamental Indexing）、因子指數化（Factor Investing）等。Smart Beta 策略廣義上指通過改變指數的市值加權方式，以基於規則或量化的方法，增加指數在某些風險因子上的暴露，從而獲得相應超額收益；狹義上指通過改變原市值加權指數的成份股選股方式或者加權方式而獲益。Smart Beta 策略被認為是一種介於主動投資與被動投資之間的交易策略，能夠獲得比相對市值加權組合更低的風險和更高的收益。Smart Beta 策略本質上追求的不再是對指數的緊密跟蹤，而是希望通過指數編製過程中對選股和權重安排的優化，獲得跑贏傳統市值加權指數的超額收益。

它結合了主動投資和被動投資的優點，既保留了被動型投資的優點，包括風險分散、流動性較好、透明度較高和比「主動型」投資更便宜等，又試著用系統性的方式尋找可以跑贏市場的策略，能夠突破市值加權指數的限制，為投資者提供更加靈活的、多樣化的投資組合策略。

根據晨星公司的分類，目前 Smart Beta 策略可分為基於風險（Risk-oriented）、基於收益（Return-oriented）和其他三大類。基於風險策略通過波動率和相關性傾斜減少風險，策略收益來自於風險溢價和特定因子敞口，主要包括等權、分散化權重、風險加權、最小方差和波動率加權策略。基於收益策略通過因子傾斜提高收益，主要包括價值加權、盈利加權等策略。其他類型，主要是基於持續的市場異象策略，以低波動、事件驅動策略為代表。通常部分市場異象會隨著時間和環境的變化、公眾的普及程度而逐漸衰減甚至消失；與此同時，在大數據、機器學習等計算機技術的廣泛應用下，數據挖掘出了很多統計異象。

2008 年金融危機以來，隨著市場對分散化、降低波動和控制風險的訴求不斷增強，以此為目標的 Smart Beta 產品快速湧現。Smart Beta ETF 是 Smart Beta 系列產品中發展最為快速的。基於 Smart Beta 策略的 ETF 產品有以下特點：第一，低費用、透明管理。Smart Beta 指數 ETF 從本質上講，保留了傳統 ETF 產品的特點，採用指數管理的模式去管理資金。由於 ETF 在二級市場上可以進行交易，因此，基於 Smart Beta 策略的 ETF 與傳統股票基金相比交易效率更高，而且稅收和管理等費用也更低廉。第二，具有較好的流動性及交易效率。Smart Beta 指數 ETF 保留了 ETF 可以在二級市場進行交易的性質，相比傳統的股票具有更高的交易效率，同時也具有較好的流動性。第三，能較好控制風險與增強收益目標。早期的 ETF 都是根據市值來進行加權，最大的優點是能夠較為精準地複製市場指數，最大的缺點就是難以實現超額收益，而 Smart Beta 指數在編製方法上，從選股和加權兩個方面都進行了一定的優化，從而獲得基於傳統市值加權指數的超額收益。

美國在全球 ETF 市場一家獨大，Smart Beta ETF 在美國市場雖然僅有 10 年多的歷史，卻是美國 ETF 市場的熱點產品，發展最為迅猛。2015 年美國新發 Smart Beta ETF 的數量為 103 只，占當年新發行 ETF 數量的 42%。截至 2015 年 12 月，美國市場共有 760 只 Smart Beta ETF，資產規模占全市場 ETF 的 63%。截至 2016 年 9 月，Smart Beta ETF 資金

流入 35 億美元，成長型 ETF 是最不受歡迎的 Smart Beta ETF，淨流出約 43 億美元。2015 年最受歡迎的 Smart Beta ETF 是低波動 ETF，資金淨流入 141.5 億美元。

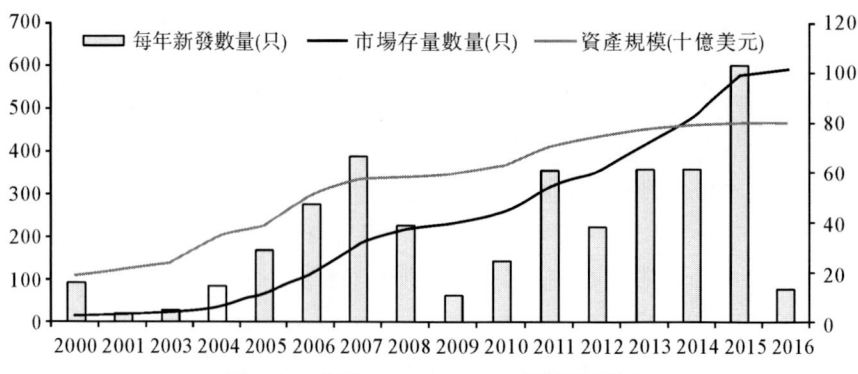

目前，美國 Smart Beta ETF 發行人集中度較為突出。前五大發行人數量和規模分別為 300 只和 3,073 億美元，占全部 Smart Beta ETF 的 50.8%和 65.8%；前十大發行人數量和規模分別為 418 只和 4,198 億美元，占比分別為 70.7%和 89.9%。從加權方式來看，多因子、紅利、分層、基本面、等權的 ETF 規模均超過 100 億美元。其中，多因子加權數量達到 90 只，規模突破 1,787 億美元。圖 3.7 是美國 Smart Beta ETF 發展情況圖。如圖 3.7 顯示，美國 Smart Beta ETF 發展迅猛，數量和市場規模穩中有升，2015 年是美國 Smart Beta ETF 發展最為快速的一年，數量和規模均達到峰值。

圖 3.7　美國 Smart Beta ETF 規模發展圖

數據來源：ETF 基金網 http://www.etfjijin.com/.

4 中國 ETF 市場發展概況

4.1 中國 ETF 市場發展現狀

中國證券市場於 2004 年 12 月推出第一只 ETF 產品,即上證 50ETF。2006 年,上證 180ETF、上證紅利 ETF、中小板 ETF 和深證 100ETF 在滬深交易所陸續上市。但之後很長一段時間都沒有新的 ETF 面市,直到 2010 年,國內 ETF 的發行才開始提速。截至 2015 年 12 月,滬深兩市共有 113 只 ETF,規模達 2,022 億元,追蹤的標的指數涵蓋全市場股票指數、行業股票指數、債券指數、商品指數、境外股票指數等[1]。ETF 已成為中國投資者進行指數投資的主要金融工具。

表 4.1 列出了 2004—2015 年逐年上市的 ETF 數量。從表中可以看出,這 113 只 ETF 中有 104 只集中在 2010—2015 年上市,其中 2013 年 ETF 發展勢頭最為迅猛,僅當年就有 31 只 ETF 上市。

表 4.1　　　　2004—2015 年上市 ETF 數量分佈

年份	2004	2005	2006	2007	2008	2009	2010	2011	2012	2013	2014	2015
數量(只)	1	0	4	0	0	4	11	17	11	31	17	17

數據來源:滬深兩市交易所.

---

[1] 實際上滬深兩市上市交易的 ETF 共有 124 只,其中 113 只指數型 ETF(深市 46 只,滬市 67 只),11 只在上交所上市交易的貨幣型 ETF,本書的統計分析均不包括這 11 只貨幣型 ETF。

表 4.2 列出了全市場各品種 ETF 的數量。從表中可以看出，中國 ETF 市場九成以上是股票型 ETF，商品型和債券型 ETF 各自只有 4 只。而在股票型 ETF 中，寬基指數和行業指數 ETF 又占絕大多數。

表 4.2　　　　　　　　　中國 ETF 產品分類　　　　　　　單位：只

基金類型		數量	合計
股票	寬基	37	105
	行業	29	
	主題	18	
	風格	4	
	策略	9	
	跨境	8	
商品		4	
債券		4	

數據來源：ETF 基金網 http://www.etfjijin.com/.

表 4.3 是中國股票型 ETF（不包括跨境股票型 ETF）按晨星投資風格箱劃分的投資風格列表。晨星投資風格箱以基金持有的股票市值為基礎，把基金投資股票的規模風格定義為大盤、中盤和小盤；以基金持有的股票價值——成長特性為基礎，把基金投資股票的價值——成長風格定義為價值型、平衡型和成長型。表 4.3 說明目前中國境內股票型 ETF 都是大盤、中盤型和平衡、成長型，沒有小盤型和價值型 ETF，這說明目前中國 ETF 市場產品類型單一、同質化嚴重。

表 4.3　　中國股票型 ETF(不包括跨境股票型 ETF) 投資風格分類　　單位：只

大盤成長	大盤平衡	大盤價值	中盤成長	中盤平衡
28	50	10	1	5

數據來源：晨星網 http://cn.morningstar.com/main/default.aspx，數據截至 2015 年 12 月。

圖 4.1 是中國 ETF 的資產規模變化圖，從圖中可以看出，2010 年以前中國 ETF 市場發展緩慢。2008 年受股市斷崖式下跌影響，ETF 資產規模明顯下降。從 2010 年開始，中國 ETF 市場總體規模開始迅猛增長，ETF 市場資產總值從 2010 年的 711 億元躍升到 2014 年的 2,091 億

元，增長了近 3 倍。2015 年，ETF 數量雖然增長了不少，但受股災影響，資產總值從 2014 年的 2,091 億元下降至 1,931 億元。

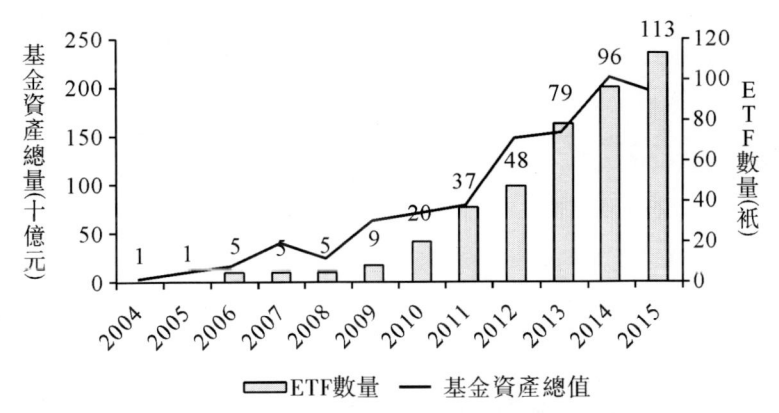

圖 4.1　2004—2015 年中國 ETF 資產規模變化圖

數據來源：Wind 數據庫 http://www.wind.com.cn/.

表 4.4 對比了 2010 年和 2014 年中國 ETF 市場總體交易情況，其中市值和日成交金額單位為百萬元，日成交量單位為百萬份①。從表中可以看出，與 2010 年相比，2014 年的市場在總市值、日成交量、日成交額、日換手率的平均數、最小值以及中位數的數值上均明顯小於 2010 年。這是因為：2014 年中國 ETF 市場迅速擴大，各只 ETF 之間的個體差異擴大，大量的 ETF 交投不活躍。從日換手率來看，2014 年 ETF 市場日換手率的平均值和最大值均遠超 2010 年，均值增長近 100%，最大值則翻了 3 倍。這表明，經過四年的快速發展，國內 ETF 產品的交易日趨活躍，投資者對於 ETF 這一創新性投資產品的關注度也越來越高。但與 Petajisto（2011）的研究結果相比，中國 ETF 市場與美國市場尚存在較大的差距。

表 4.4　2010 年與 2014 年 ETF 總體交易情況對比

年份	指標	平均數	最小值	中位數	最大值
2010	市值(百萬元)	3,807	480.66	1,948.19	18,960.63

---

① 之所以選擇 2010 年和 2014 年的數據進行對比，是由於 2010 年之前，中國市場的 ETF 產品數量較少，而 2015 年又因股災影響，市場成交萎靡，因此對比 2010 年與 2014 年的數據更能反應中國 ETF 市場在非異常狀態下的交易狀況和發展情況。

表4.4(續)

年份	指標	平均數	最小值	中位數	最大值
	日成交量(百萬份)	154.35	0.13	38.64	2,504.91
	日成交額(百萬元)	247.63	0.097	49.72	3,510.12
	日換手率(%)	2.87	0.002,4	1.80	58.23
2014	市值(百萬元)	1,948.87	4.47	216.59	45,919.18
	日成交量(百萬份)	27.65	0.00	0.92	2,474.51
	日成交額(百萬元)	60.58	0.00	1.17	8,721.86
	日換手率(%)	4.89	0.00	0.59	1,841.88

數據來源：Wind 數據庫 http://www.wind.com.cn/.

表4.5列出了2010年至2015年中國ETF市場不同類型ETF的折溢價率及其波動率。其中等權計算是各只ETF取相同權重，加權是各只ETF按市值進行加權計算得到的。表中的數據表明：從總體看，無論是等權計算還是加權計算，中國ETF的折溢價率大多呈現負值並且絕對值較小，大部分都在100個基點以內，即小於1%。這說明中國ETF普遍呈現折價交易，而且中國ETF市場的定價效率較高。從ETF折溢價率的波動率來看，加權計算的波動率遠小於等權計算的波動率，這是由於中國ETF差異性較大，大部分ETF的交易、投資都不活躍，造成ETF折溢價率波動較大。商品類ETF的等權折溢價率絕對值最低，債券類次之。股票類ETF的折溢價率絕對值及其波動率介於商品類ETF和債券類ETF之間。股票型ETF總體上呈現低折溢價、高波動率的特點。在股票類ETF中，風格類ETF的等權折溢價率絕對值最低，策略類最高，行業和寬基類ETF居中。表4.5中的數據表明，目前中國大多數ETF具有良好的定價效率，市場運行狀況總體穩定，但各品種ETF存在較大差異。

表4.5　　　　　　　中國ETF折溢價率情況

ETF 種類	平均市值（億元）	折溢價率（bp）		折溢價波動率（bp）	
		等權	加權	等權	加權
股票類	1,324.76	-0.2	-25.5	277.9	70
寬基	1,126.71	-19.5	-7.6	35.5	30.2

表4.5(續)

ETF 種類	平均市值（億元）	折溢價率（bp）		折溢價波動率（bp）	
		等權	加權	等權	加權
行業	40.57	−18.8	−11.7	22.2	0.7
主題	108.89	−58.6	−172.8	419.2	34.5
風格	24.91	−0.4	−6.1	22.6	0.4
策略	12.75	167.9	284.1	521.1	5
跨境	10.93	−3.1	−73.1	110.6	0.9
商品類	12.03	−3.7	−1.4	16.7	0.1
債券類	18.87	−142.6	−53.3	123.2	1.8
全部	1,355.66	−4.3	−25.6	271.4	71.9

　　經過十餘年的發展，中國ETF市場已經渡過起步期進入快速發展時期，ETF數量和資產總值快速增加，ETF產品日益多樣化，交易活躍程度也有了一定的進步。但我們發現，國內ETF市場還主要存在兩個方面的問題。

　　第一，產品同質化嚴重。市場中存在多只ETF跟蹤同一標的指數，比如滬深300、中證500等，而特色鮮明又深受投資者喜愛的主題類ETF卻寥寥無幾，之前ETF的創新主要集中在產品運作模式上，對於客戶細分需求的開發尚顯不足。

　　第二，內生流動性不足，大量ETF交易並不活躍。由於ETF一級市場參與者少、二級市場投資者數量也有限，雖然部分藍籌ETF、創業板ETF以及黃金ETF交易比較活躍，但是絕大多數ETF交易清淡，很多ETF甚至已經喪失流動性。

　　作為一種便捷、低成本的新型投資工具，ETF市場的發展壯大對中國證券市場具有非常重要的意義。目前，中國ETF品種日益多樣化，跟蹤各類指數，可滿足投資者的不同需求。但是，目前中國投資者對ETF認識不足，很多品種的ETF交易並不活躍。與美國相比，目前美國擁有的ETF資產占全球ETF資產的70%左右，形成一家獨大的格局，但從其數量來看，占比僅為三分之一，表明美國擁有眾多巨無霸ETF。因此，中國應該從以下五個方面採取措施，進一步加快中國ETF市場發展。

第一，要進一步加大指數和 ETF 產品的創新。積極應對市場變化，增加投入力量，加大人才培養，不斷推動 ETF 市場投資創新發展。

第二，進一步加強 ETF 交易制度的創新。流動性是 ETF 成功的關鍵因素，但是如何提升 ETF 流動性一直以來困擾著交易所和基金管理人。2015 年年初開始，交易所開始嘗試跨境 ETF 實行二級市場「T+0」交易，事後證明這一交易規則改進活躍了一些 ETF 的成交量，但並沒有增加 ETF 的運作風險，這為以後在其他 ETF 上做出交易制度改進形成了良好的示範作用。未來如果股票類 ETF 實行「T+0」交易，將大大提升整個 ETF 市場的流動性，也將提高基金管理人開發 ETF 的積極性。

第三，要加強市場基礎設施建設和強化風險控制。要建立健全指數、ETF 產品和 ETF 投資的規章制度，加強 ETF 的合規運作和交易監控，防範期貨、現貨市場的系統性風險和傳導性風險。

第四，要進一步加大指數化投資理念的宣傳及對中小投資者的專業教育。在成熟發達市場，指數化投資一般以專業的機構投資者、長期投資者為主。在中國散戶占絕對多數的市場中，一方面，大量的中小投資者參與指數化投資甚至大量地參與到槓桿類分級指數基金的投資中；另一方面，許多機構投資者把指數基金作為波段操作博取短期收益的工具。這都在一定程度上與指數化投資的內在規律不相吻合，給投資者帶來了一定的風險。因此加大對指數化投資的宣傳、重視投資者教育非常重要。

第五，中國應該適時推出槓桿 ETF。槓桿 ETF 是通過運用股指期貨、互換合約等槓桿投資工具，實現在設定時間段內投資組合收益達到跟蹤指數的槓桿倍數。與期權、股指期貨、融券等做空工具相比，槓桿 ETF 具有低成本、低門檻等優勢。因此，推出槓桿 ETF 將使中小投資者擁有高效便捷的做空工具，發展不同倍數的槓桿 ETF 可以引導投資者按風險收益偏好予以分化，從而有利於深化市場，穩定市場。

目前中國 ETF 市場規模約為中國 A 股總規模的 5%，整體規模還很小，未來發展前景巨大，ETF 境外服務業務還有很大的發展空間。當前基金管理人應當緊緊抓住內地香港互聯互通機制和基金互認等重大契機，努力提升以 A 股為標的的 ETF 產品的國際競爭力。

4.2 綠色金融與中國 ETF 市場發展機遇

2016 年 9 月召開的杭州 G20 峰會首次將「綠色金融」列入了重點議題,「綠色投資」逐漸成為全球的共識。中國人民銀行等七部委於 9 月 1 號印發了《關於構建綠色金融體系的指導意見》,就推動證券市場支持綠色投資提出了明確要求:要支持開展綠色債券指數、綠色股票指數以及相關產品,鼓勵相關金融機構以綠色指數為基礎,開發公募、私募基金等綠色金融產品,滿足投資者需要;要引導各類機構投資者投資綠色金融產品,鼓勵養老基金、保險資金等長期資金發展。

當前綠色金融對中國 ETF 投資提出更高要求,帶來挑戰的同時又提供了良好的發展機遇。主要表現在以下四個方面:

第一,中國綠色融資需求巨大,為 ETF 市場提供了巨大的發展空間。根據中國環境與發展國際合作委員會於 2015 年 11 月發布的《綠色金融改革與促進綠色轉型研究》報告顯示,未來一段時間,中國具有巨大的綠色融資需求。該報告核算的資金需求涵蓋可持續能源、基礎設施建設、環境修復、工業污染治理、能源與資源節約、綠色產品等 6 大領域,涉及 16 個子類。對資金需求做了兩個時間段的估計,分別為 2014—2020 年以及 2021—2030 年的綠色融資需求,並將資金需求劃分為低方案、中方案、高方案。低方案是按照 2013 年國家制定的綠色發展目標和 2013 年達到的環境保護水平,以及當年投入的綠色金融資金進行測算。中方案是達到 2013 年國家制定的環境保護標準和 2015 年制定的綠色發展目標。高方案是指達到 2015 年國家制定的綠色發展目標和 2015 年制定的環境保護標準。該報告研究預測估計:2014—2030 年期間,低方案、中方案、高方案下的中國綠色資金需求,分別為 40 萬億元、70 萬億元、123 萬億元。在如此巨大的綠色融資需求中,不乏大量既有生態效益又有長期投資價值的投資對象。這將為指數化投資特別是 ETF 市場發展帶來新的投資機遇。

第二,目前中國正在加快構建綠色金融體系,這為發展綠色指數、綠色證券指數以及綠色 ETF 產品的發行創造了更有利的條件。綠色金

融體系構建是指通過建立綠色信貸、綠色債券、綠色股票指數等相關產品、綠色發展基金、綠色保險、碳金融等金融和相關政策制度，大力支持中國經濟向綠色化轉型發展。目前，中國綠色證券指數化投資已經取得了初步發展，共有19只綠色股票指數，3只綠色債券指數。截止到2016年9月初，國內基金管理機構已推出以環保低碳新能源、清潔能源、可持續社會責任治理為主題的基金約94只，規模約980億元，指數型基金56只，規模約470億元。但與一些發達國家相比，中國的綠色證券指數比較少，投資規模較小，投資者數量也較少。我們要進一步健全綠色股票指數、發展和完善系列指數、特色指數，鼓勵資產管理機構開發多種形式的綠色股票、綠色債券投資品種。可以預見，在現有的良好基礎上，中國的綠色金融發展具有廣闊的前景。

　　第三，綠色投資一般週期性長、可持續性強，與指數化的長期投資需要相得益彰。金融機構和金融市場通過發行、開發新的金融工具和服務手段，支持綠色融資活動，促進投資者將環境因素融入投資策略，通過提升環境友好型投資和抑制污染型投資，在較長時期內實現更高、更穩定的回報。MSCI的一份研究報告顯示，新興市場ESG指數長期投資收益率高於同期的新興市場指數的表現，而且波動率較小，風險收益率高。從指數年度表現看，2008—2014年間，MSCI新興市場ESG指數比新興市場指數表現每年高3~6個百分點。由此可見，綠色證券指數甚至可能更適合開發指數化投資產品。

　　第四，綠色投資在國際上形成的經驗與方法，可以為中國綠色類ETF產品發展提供有益的啟示與借鑑。在發達國家，綠色投資於20世紀90年代得到了廣泛認可，此後，逐步形成較為系統的理念、原則與方法。其中較為重要的一項，就是聯合國倡導的責任投資原則（PRI）。責任投資與綠色投資一脈相承，共同強調環境準則、社會準則、收益準則，旨在促進企業追求經濟利益的同時，積極倡導節約資源、改善環境等社會責任，以實現資產所有者、投資者、監管者和全社會共贏的局面。目前PRI有來自50多個國家的1,500多家會員，涉及會員管理資產規模約60萬億美元。中國資產管理機構可以充分學習和借鑑國際投資領域的有益經驗、方法，積極參與國際資產管理行業的競爭。

5 中國 ETF 市場功能分析

5.1 中國 ETF 市場定價效率分析

5.1.1 引言

2001 年年底，全球僅有 90 只 ETF，到 2014 年，這一數字躍升至 6,300 多只，規模高達 2.5 萬億美元。2005 年中國第一只 ETF 上證 50ETF 上市交易，經過數十年的發展，截至 2015 年 12 月，滬深兩市共有 113 只 ETF，規模達 2,022 億元，追蹤的標的指數涵蓋全市場股票指數、行業股票指數、債券指數、商品指數、境外股票指數等。ETF 已成為中國投資者進行指數投資的主要金融工具。

ETF 兼具開放式基金和封閉式基金的特點，既可以在一級市場上申購贖回，又可以在二級市場上交易買賣，因此 ETF 具有即時淨值和即時交易價格。不同於開放式基金，除非在可以用現金替代的情況下，ETF 的申購是以一攬子股票換取基金份額，贖回是以一定的基金份額換取一攬子股票。根據一價定律，ETF 在一級市場和二級市場上的價格應該相等。但是，在實際交易中，由於供求關係等因素影響，ETF 的價格並不等於 ETF 的淨值。當這兩者存在偏差時，市場上就存在套利機會。當 ETF 價格高於其淨值時（ETF 溢價），套利者通過買入一攬子股票，在一級市場上用這一攬子股票申購 ETF，並在二級市場上賣出 ETF，從中獲利；當 ETF 價格低於其淨值時（ETF 折價），套利者在二級市場買入 ETF，在一級市場上贖回 ETF 得到一攬子股票，賣出這一攬子股票，

從中獲利。根據上海證券交易所發布的《上海證券交易所交易型開放式指數基金業務實施細則》第 22 條規定，允許 ETF 在一級、二級市場之間實現變現的「T+0」交易，且一天之內不會有次數限制，該交易機制設計為 ETF 的套利實現提供了保證。

　　ETF 的折溢價衡量了 ETF 的定價效率。ETF 折溢價程度越小，ETF 市場的定價效率就越高。影響 ETF 折溢價的因素眾多，ETF 交易的活躍程度、成份股的停牌（張錚等，2012）、投資者非理性行為（李鳳羽，2014）等因素都會影響到 ETF 折溢價的變化。然而，從 ETF 套利交易的本質出發，ETF 的套利速度和淨值延遲是影響 ETF 折溢價的主要因素。套利速度是指 ETF 二級市場價格立即回覆到真實淨值的效率，套利速度越快，價格向淨值修復的速度就越快，價格和淨值的價差就越小，ETF 的定價效率就越高。另外，ETF 的淨值存在一定的延遲，通常計算 ETF 折溢價都是將 ETF 即時價格與 ETF 基金份額參考淨值（IOPV）進行對比，中國滬深兩市是每隔 15 秒即時公布 ETF 的 IOPV。因此，ETF 的淨值存在延遲滯后的問題，當 ETF 折溢價超出交易成本時，也並不意味著市場上存在套利機會。ETF 的淨值延遲系數越大，表明市場上公布的 ETF 淨值與其內在價值差距越大，ETF 的定價效率就越低。

　　目前，國內學者對中國 ETF 市場的研究主要集中於 ETF 的價格發現（張宗新和丁振華，2005；肖倬和郭彥峰，2010；王良和馮濤，2010；陳瑩等，2014）、ETF 上市對市場質量的影響（郭彥峰等，2007）、ETF 套利及期現套利（劉偉等，2009）等方面。而對中國 ETF 市場定價效率的相關研究還比較少。目前對 ETF 市場定價效率的研究大多是直接利用計量方法計算 ETF 市場的折溢價率，進而再分析定價效率。Engle 和 Sarkar（2002）研究發現美國國內 ETF 的折溢價比國際型 ETF 的折溢價變化小，說明美國國內 ETF 的定價比國際型 ETF 更有效。Petajisto（2013）將美國 ETF 市場進行細分，計算各類型 ETF 的折溢價，發現各類型 ETF 的折溢價差距很大，說明美國 ETF 市場各類型 ETF 的定價效率差異較大。Madhavan 和 Sobczyk（2014）從套利交易的本質出發，研究美國 ETF 市場的定價效率，結果與 Petajisto（2013）的研究結論類似。張錚等（2012）探討成份股的停牌對上證 50ETF 定價

效率的影響。李鳳羽（2014）分析投資者情緒對 ETF 折溢價率的影響。賈雲贇（2015）分析易方達深 100ETF 的折溢價波動水平及其影響因素，並分析得出了相關的套利策略。

因此，從 ETF 套利交易的本質出發，對 ETF 定價效率的研究還不多見。本書正是基於 ETF 獨特的申購贖回機制，從淨值延遲和套利速度兩個維度，以滬深兩市上市的 ETF 為研究對象，利用狀態空間模型估計中國 ETF 市場的淨值延遲系數和套利速度，並與美國市場進行對比分析，借以窺視中國 ETF 市場的定價效率。本書的貢獻在於：第一，不同於以往直接進行折溢價或者追蹤誤差的研究，而是從套利交易的本質出發，從淨值延遲和套利速度的視角，研究中國 ETF 市場的定價效率。第二，以往的研究大多只針對某一只 ETF 進行研究，而本書的研究是基於滬深兩市上市的所有股票型和債券型 ETF 基金，因此，本書的研究更全面、系統，研究結論更具有代表性。

5.1.2 模型建立

我們利用狀態空間模型分析 ETF 價格、淨值以及預期價值之間的關係。

將 ETF 二級市場價格記為 p_t，假設 p_t 滿足：

$$p_t = v_t + u_t \tag{5.1}$$

其中 v_t 是 ETF 在 t 時刻的（不可觀測的）預期價值，假設 v_t 是個隨機遊走過程，即 $v_t = v_{t-1} + r_t$，其中 $r_t \sim (\mu_r, \delta_r^2)$，$r_t$ 是預期價值的新息項，若 v_t 是對數預期價值，則 r_t 就是預期收益率。u_t 是噪聲衝擊，描述了 ETF 價格的短暫流動性衝擊效應。參考 Poterba 和 Summers（1988）的做法，假設 u_t 服從一階向量自迴歸過程，即 $u_t = \psi u_{t-1} + \varepsilon_t$，其中 $\varepsilon_t \sim (\mu_\varepsilon, \delta_\varepsilon^2)$，$\psi$ 是自迴歸系數，刻畫了真實折溢價的修正速度，ψ 越小，意味著越快的折溢價修正，$\psi = 0$ 意味著折溢價立即得到修正，價格立即回覆到真實淨值。ψ 反應了當 ETF 價格與內在價值出現偏差時，套利者通過一級市場和二級市場的操作套利來消除價差的效率，因此可以將 ψ 理解為 ETF 的套利速度。ψ 越小，表明 ETF 的價格能更有效地調整到內在價值水平。ETF 定價效率越高，市場價格發現能力也越強。

將 ETF 的淨值記為 n_t，假設 n_t 滿足：

$$n_t = (1-\varphi)v_t + \varphi n_{t-1} + w_t \tag{5.2}$$

其中 $w_t \sim (\mu_w, \delta_w^2)$，$0 \leq \varphi \leq 1$，$\varphi$ 刻畫了 ETF 淨值可能的延遲，我們稱之為延遲系數。當 $\varphi = 0$，$\sigma_w^2 = 0$ 時，表明 ETF 淨值等於其內在價值並且不存在延遲定價；當 $\varphi > 0$ 時，表明 ETF 淨值存在延遲定價；$\varphi < 0$ 表明市場反應過度。延遲系數 φ 越大，表明市場上公布的 ETF 淨值與其內在價值越不相符，新信息無法及時得到反應，導致了投資和套利者不能準確判斷套利機會。因此，φ 反應了 ETF 價格發現功能實現的消極因素，φ 越大，表明 ETF 的定價效率越低，ETF 的價格發現能力越弱。

將 ETF 的折溢價定義為 ETF 價格與淨值之差，記為 π_t：

$$\pi_t = p_t - n_t \tag{5.3}$$

通過方程（5.1）和（5.2）可得：

$$\pi_t = (v_t + u_t) - n_t \tag{5.4}$$

進一步地，

$$\pi_t = \varphi(r_t + \varphi r_{t-1} + \cdots) + (1-\varphi)(w_t + \varphi w_{t-1} + \cdots) + \varepsilon_t + \psi\varepsilon_{t-1} + \psi^2\varepsilon_{t-1} + \cdots \tag{5.5}$$

式（5.5）將 ETF 的折溢價分解為三個部分：第一部分是延遲系數與 ETF 預期收益率加權平均的乘積；第二部分是過去淨值噪聲的加權平均；第三部分是套利速度與流動性新息的加權平均，反應了套利速度和短暫的流動性衝擊效應對 ETF 折溢價的影響。

狀態空間模型建立了可觀測變量和系統內部狀態（不可觀測變量）之間的關係，從而可以通過估計各種不同的狀態變量達到分析和觀測系統的目的。本書的狀態空間模型表示為：

量測方程：

$$\begin{bmatrix} p_t \\ n_t \end{bmatrix} = \begin{bmatrix} \psi p_{t-1} \\ \varphi n_{t-1} \end{bmatrix} + \begin{bmatrix} 1 & -\psi \\ 1-\varphi & 0 \end{bmatrix} \begin{bmatrix} v_t \\ v_{t-1} \end{bmatrix} + \begin{bmatrix} \varepsilon_t \\ w_t \end{bmatrix} \tag{5.6}$$

狀態方程：

$$\begin{bmatrix} v_t \\ v_{t-1} \end{bmatrix} = \begin{bmatrix} 1 & 0 \\ 1 & 0 \end{bmatrix} \begin{bmatrix} v_{t-1} \\ v_{t-2} \end{bmatrix} + \begin{bmatrix} r_t \\ 0 \end{bmatrix} \tag{5.7}$$

5.1.3 實證結果

本書選取 2005 年 2 月 23 日至 2015 年 4 月 18 日在滬、深兩市上市交易的所有跟蹤境內指數的股票型和債券型 ETF 作為研究樣本，剔除了日均成交量百萬份以下以及連續交易未滿一年的 ETF，共有 60 只股票型 ETF 和 4 只債券型 ETF。所有數據均來自 Wind 數據庫。

表 5.1 給出了樣本 ETF 的描述性統計，從表中可以看出，截至 2015 年 4 月，中國日成交量在百萬份及以上的股票型 ETF 總成交金額達到 9.88 萬億元，平均成交金額達到 0.16 萬億元，總成交量為 2.18 萬億份，平均成交量為 0.036 萬億元。債券型 ETF 總成交金額達到 7.2 億元，平均成交金額達到 1.8 億元，總成交量為 7.14 萬億份，平均成交量為 1.78 萬億份。

表 5.1　　　　　　　　　　樣本描述性統計

類型	股票型 ETF	債券型 ETF
基金數量（只）	60	4
總成交額（百萬元）	9,884,470	720
平均成交額（百萬元）	164,741	180
總成交量（百萬份）	2,181,300	7,143,976
平均成交量（百萬份）	36,355	1,785,994
平均溢價（元）	1.37	2.13

本書利用 Kalman 濾波估計模型（5.6）和（5.7），得到參數估計值[1]。我們著重分析延遲系數 φ 和套利速度 ψ 這兩個參數。我們首先對每一只 ETF 進行估計，接著對所有的 ETF 將這兩個參數分別求平均值。表 5.2 列出了模型的估計結果，表中分析列出了延遲系數 φ 和套利速度 ψ 的均值、中位數、按成交金額加權的均值、標準差，同時列出了估計系數在顯著水平為 5% 下顯著的 ETF 占總樣本數的百分比。表 5.2 表

---

[1] 為了避免偽迴歸問題，狀態空間模型要求變量是平穩的或者變量之間存在協整關係。本書進行狀態空間模型估計之前，首先對每一只 ETF 的價格和淨值序列都進行了平穩性和協整檢驗。檢驗結果表明，每一只 ETF 的價格和淨值都是一階單整的，而且價格和淨值存在協整關係。由於篇幅所限，本書沒有列出檢驗結果，有需要的讀者可向作者索取。

明，60 只股票型 ETF 的延遲系數有 45 只估計值顯著，4 只債券型 ETF 的延遲系數顯著。這表明中國 ETF 普遍存在延遲定價情況，說明新信息反應到市場中具有一定滯后性，投資者很難準確地根據即時信息做出正確的判斷。套利速度可做同樣的分析。表 5.2 中，債券型 ETF 的估計值都明顯高於股票型 ETF，表明債券型 ETF 的信息反應速度慢於股票型 ETF。

表 5.2　　　　　　　　狀態空間模型估計結果

類型 變量	股票型 ETF		債券型 ETF	
	延遲系數 φ	套利速度 ψ	延遲系數 φ	套利速度 ψ
均值	0.288, 0	0.406, 6	0.931, 9	0.576, 7
中位數	0.067, 9	0.299, 3	0.937, 3	0.495, 5
加權均值	0.329, 3	0.237, 8	0.910, 6	0.494, 2
標準差	0.494, 6	0.625, 1	0.038, 5	0.154, 6
顯著性>0	0.75	0.73	1.00	0.75

我們將中國 ETF 市場狀態與美國市場進行對比。表 5.3 是 Madhavan 和 Sobczyk（2014）對美國 ETF 市場上 387 只跟蹤境內指數的股票型 ETF 和 113 只債券型 ETF 的分析結果，我們將表 5.2 與表 5.3 進行對比分析，發現不管是延遲系數還是套利速度，表 5.2 中的估計值都明顯高於表 5.3 中的估計值。這表明相比於美國 ETF 市場，中國 ETF 市場整體定價效率較低。

表 5.3　　Madhavan 和 Sobczyk（2014）對美國 ETF 市場的分析

類型 變量	股票型 ETF		債券型 ETF	
	延遲系數 φ	套利速度 ψ	延遲系數 φ	套利速度 ψ
均值	−0.08	0.24	0.40	0.61
中位數	−0.05	0.20	0.45	0.71
加權均值	−0.02	0.28	0.51	0.69
標準差	0.11	0.23	0.35	0.33
顯著性>0	0.03	0.80	0.83	0.96

註：本表根據 Madhavan 和 Sobczyk（2014）文中表 2 的結果整理得來。

5.1.4 本節小結

本書基於 ETF 獨特的套利機制，從淨值延遲和套利速度兩個維度，以滬、深兩市上市的 ETF 為研究對象，利用狀態空間模型估計中國 ETF 市場的淨值延遲系數和套利速度，並與美國市場進行對比，分析中國 ETF 的定價效率。研究結果表明，與美國市場相比，中國 ETF 市場淨值延遲定價程度較高，套利速度較慢；中國 ETF 定價效率較低，股票型 ETF 的定價效率優於債券型 ETF。這與中國 ETF 市場流動性較差有較大關係。雖然中國 ETF 產品種類日益豐富，但產品同質化嚴重。以跟蹤滬深 300 指數的 ETF 為例，截止到 2015 年 12 月，滬深兩市共有 7 只 ETF 跟蹤滬深 300 指數，而這 7 只中僅華泰柏瑞滬深 300ETF 的日均成交量就遠超過其他 6 只同類型的 ETF。

作為一種便捷、低成本的新型投資工具，ETF 市場的發展壯大對中國證券市場具有非常重要的意義。本書基於上述研究結論，提出以下政策建議：一是交易所可以適當縮短淨值公布時間間隔，使套利者有更為準確的淨值參考。二是應該加強 ETF 的投資者教育，提高投資者對 ETF 的認識。目前中國 ETF 品種日益多樣化，可滿足投資者的不同需求。但是，中國投資者對 ETF 認識不足，很多品種的 ETF 交易並不活躍。目前美國擁有的 ETF 資產占全球 ETF 的 70%左右，形成一家獨大的格局，但從其數量來看，占比僅為三分之一，表明美國擁有眾多巨無霸 ETF。因此，應該加強 ETF 的投資者教育工作，提高投資者對 ETF 的認識，使投資者更多地參與 ETF 交易，從而提高 ETF 市場整體的活躍度。三是適時推出槓桿 ETF。槓桿 ETF 是通過運用股指期貨、互換合約等槓桿投資工具，實現在設定時間段內投資組合收益達到跟蹤指數的槓桿倍數。與期權、股指期貨、融券等做空工具相比，槓桿 ETF 具有低成本、低門檻等優勢。因此，推出槓桿 ETF 將使中小投資者擁有高效便捷的做空工具。另外，從中國資本市場的發展來講，發展不同倍數的槓桿 ETF 可以引導投資者按風險收益偏好予以分化，從而有利於深化中國 ETF 市場。

5.2 中國 ETF 市場價格發現與波動傳導研究

5.2.1 引言

從 ETF 的特性來看，ETF 其實就是一類指數類金融衍生品，只是其交易機制不同於股指 ETF 或股指期權等產品。作為衍生品，ETF 價格與標的指數現貨指數價格之間存在著極其密切的聯繫。隨著中國 ETF 市場的快速發展，目前中國 ETF 市場運行狀況如何？是否已經具備了價格發現功能？ETF 市場和標的指數之間具有怎樣的波動傳遞關係？目前對這些問題還缺少深入的研究。而對 ETF 市場的價格發現、波動溢出效應的研究，不僅可以揭示中國 ETF 市場的價格發現過程和指數化產品的風險傳遞機制，為市場參與者進行風險管理提供理論依據與實踐指導，更為重要的是可以認識 ETF 市場的運行規律，總結經驗，為中國進一步推進多品種 ETF 提供決策支持。因此，對這些問題的研究具有重要的理論意義。本章研究中國 ETF 市場的價格發現功能，以揭示中國 ETF 市場的運行效率。

5.2.2 文獻綜述

由於低成本、高流動性和高槓桿率等優勢，新信息往往先在衍生品市場上得到反應，然后才傳達到現貨指數市場，從而使得衍生品價格具有引領現貨指數市場價格變化的信號功能，即衍生品市場的價格發現功能。學者們對衍生品價格和現貨指數價格之間的動態聯繫，通常採用協整關係檢驗、格蘭杰因果檢驗和誤差修正模型等方法進行研究，研究的對象主要集中於股指股貨。如 Garbade 和 Silber（1983）最早建立了 ETF 價格與現貨指數價格之間相互聯繫的動態模型來反應 ETF 的價格發現功能。Stoll 和 Whaley（1990）、Haigh（2000）、Covrig 等（2004）考察了不同國家的 ETF 和現貨指數市場價格之間的領先滯后關係，發現 ETF 價格變化均領先於現貨指數價格變化。

ETF 是近三十年才發展起來的創新型金融工具，目前學界對 ETF 的相關研究還比較少。Chu 等（1999）利用向量誤差修正模型（VECM）

探討 S&P 500 指數、S&P 500 指數 ETF 及 S&P 500 指數 ETF（SPDRs）這三個市場的價格發現功能和價格發現關係。實證結果表明，ETF 市場最具價格發現功能，SPDRs 次之，現貨指數市場處在最后。Olienyk 等（1999）研究 17 種 WEBS 基金、12 個封閉國家基金及 SPDRs 的價格關聯性。實證結果表明它們之間皆有顯著的長期相關性。Hasbrouck（2003）利用 VECM 模型考察了 ETF 對標的指數的價格發現功能。結果顯示：在存在迷你 ETF 合約（E-mini）的市場中，ETF 對標的指數價格發現的貢獻很小；而在不存在 E-mini 的市場中，ETF 對標的指數價格形成的貢獻很大。唐婉崴（2003）利用協整檢驗、誤差修正模型和衝擊反應分析等方法探討 Nasdaq 100 指數現貨指數、指數 ETF 與 ETFs 三個市場間的價格發現關係。實證結果表明，所有模型都支持 ETF 相對於指數 ETF 有較好的價格發現能力，ETF 相對於指數現貨指數有較好的價格發現能力。Chen 等（2016）對四個以 S&P 500 指數為標的的指數衍生品（指數 ETF、指數期權、SPDRs、SPDRs 期權）的價格發現功能進行研究。實證結果表明在高波動時期，SPDRs 的價格發現能力超過 E-mini 指數 ETF，這個結果與 SPDRs 機構投資者的增加以及算法交易和高頻交易的快速發展密切相關。

  國內也有一些學者如金德環和丁振華（2005）採用多資產方差分解法分析上證 50ETF 對標的成份股的價格。結果表明 50ETF 在標的成份股的價格形成過程中貢獻並不大。張宗新和丁振華（2006）從市場微觀結構角度，運用交易成本假說、交易限制假說、市場信息假說對上證 50ETF 的價格發現功能進行深入剖析。實證結果顯示，中國上證 50ETF 具有一定的價格發現功能。王良和馮濤（2010）以 5 只 ETF 產品為研究對象，對中國 ETF 基金的價格發現問題進行了研究，發現 ETF 基金淨值在價格發現過程中信息份額相對最大，ETF 基金份額在中國 ETF 基金價格發現過程中具有較強的主導作用。肖倬和郭彥峰（2010）使用 5 分鐘的高頻數據，通過誤差修正模型和方差分解等技術研究中小板 ETF 與其標的指數間的價格發現，發現在價格發現能力上，中小板 P 指數領先中小板 ETF。陳瑩等（2014）採用信息份額模型和共因子模型研究了滬深 300 指數衍生證券的多市場交易對滬深 300 指數價格發現的影響。結果顯示：股指 ETF 對價格發現貢獻度最高；允許現金贖回的華泰柏瑞 ETF 基金的價格發現貢獻度高於實物贖回的嘉實 ETF 基金。

  為更進一步刻畫衍生品市場和現貨指數市場之間的內在聯繫，學者

們還對衍生品和現貨指數收益率的條件二階矩之間的動態關係即波動溢出效應進行研究。波動溢出效應研究主要關注信息在市場之間傳遞對相關市場波動性的影響，從而可以更深入地認識衍生品市場的運行效率和金融市場的風險傳遞機制，目前研究的主要對象仍然是股指 ETF。如 Chan 等（1991）、Tse（1999）、Zhong 等（2004）、Tse 和 So（2004）等人的研究。也有一些學者對股指 ETF、ETF 以及一攬子股票的波動溢出效應進行實證研究。Ben 等（2014）和 Krause 等（2014）認為，ETF 和一攬子股票的套利行為將 ETF 市場的流動性衝擊傳遞到現貨指數市場，從而使 ETF 交易增加了標的指數成份股的非基本面波動；更進一步地，Ben 等（2014）指出這種使成份股波動率增加的行為並不伴隨著 ETF 價格發現能力的提高，表明 ETF 交易增加了一攬子股票的噪聲。Da 和 Shive（2013）發現，ETF 的套利行為將 ETF 市場的非基本面衝擊傳遞到股票市場，從而造成了 ETF 所持有的一攬子股票收益率的聯動。Israeli 等（2015）針對美國 ETF 市場的研究發現，ETF 持股比例的增加導致成份股的買賣價差增大、定價效率降低以及聯動性增強。Lin 和 Chang（2005）的研究表明臺灣的 TTT ETF（Taiwan Top 50 Tracker Fund）推出后，增加了標的指數市場的波動性，而且對指數中各行業的影響不盡相同。王婧（2006）探討了 50ETF 對上證 50 指數成份股的波動影響情況。實證結果表明，ETF 的設立顯著地提高了上證 50 指數成份股的波動性。張立和曾五一（2013）發現股票市場與 ETF 市場之間存在顯著的雙向波動溢出效應。

由上述文獻回顧可以發現，目前學術界對 ETF 市場的運行規律還缺乏系統、深入的研究。目前的研究大多局限於 ETF 價格和標的指數價格之間的聯繫，並沒有考慮 ETF 價格和標的指數價格之間的波動溢出效應。因此，本書以中國成交量最大的四只寬基 ETF（上證 50ETF、滬深 300ETF、中小板 ETF、創業板 ETF）為研究對象，嘗試研究中國 ETF 市場的價格發現功能，以及 ETF 和標的現貨指數之間的波動溢出效應，從而認識中國 ETF 市場的價格發現功能和風險傳導機制，揭示中國 ETF 市場的運行效率，最終為中國多層次資本市場的建立和未來發展提供相應的理論支持。本書將採用協整理論、格蘭杰因果檢驗和誤差修正模型研究 ETF 市場的價格發現功能，採用雙變量 TGARCH 模型考察 ETF 和標的指數之間的波動傳導關係以及非對稱的信息衝擊（正負衝擊）對 ETF 和標的指數的影響，並且在雙變量 TGARCH 模型中引入

誤差修正項的平方，以考察 ETF 和標的指數的偏離對 ETF 和現貨指數市場波動的影響，以期更深入地認識 ETF 和標的指數之間的整合程度以及信息在兩個市場間的傳遞效率。

5.2.3 數據選擇與描述性統計

本書選取日均成交量最大、交易最為活躍的四只寬基 ETF 為研究對象，即華夏上證 50ETF、華泰柏瑞滬深 300ETF、易方達創業板 ETF 和華夏中小板 ETF。四只 ETF 的上市時間並不一致，其中上證 50ETF 上市時間最早，於 2005 年 2 月 23 日上市交易，易方達創業板 ETF 上市時間最晚，於 2011 年 12 月 9 日上市交易。考慮到數據的連續性和有效性，本書選取 2012 年 6 月 1 日至 2015 年 12 月 31 日四只 ETF 的價格及其標的指數價格的日數據作為研究對象，共計 873 個樣本日。所有數據均來自 Wind 數據庫。

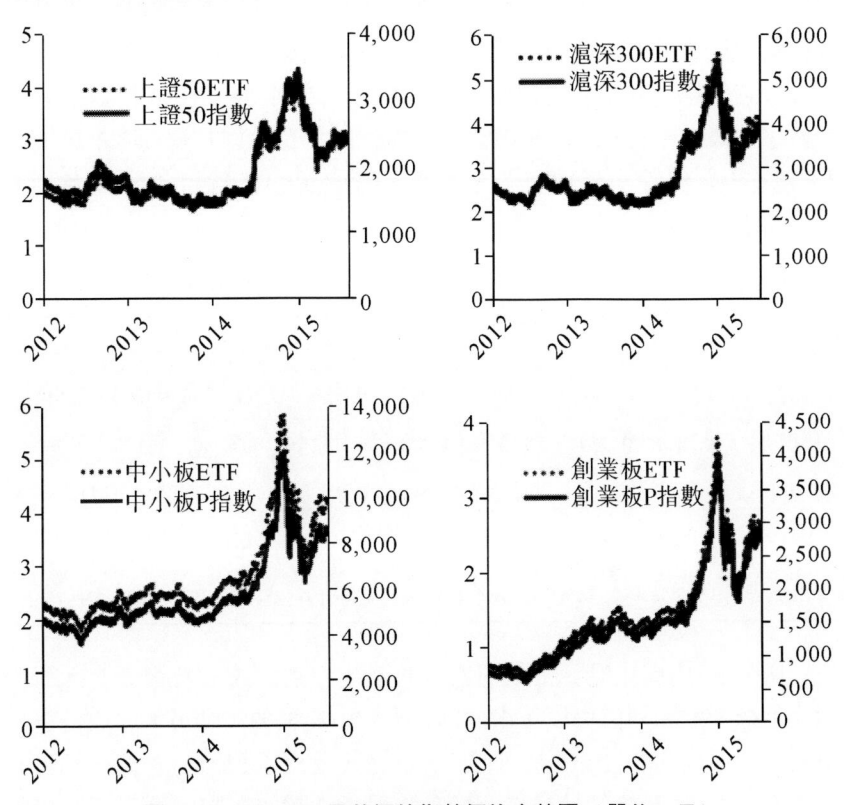

圖 5.1 四只 ETF 及其標的指數價格走勢圖（單位：只）

圖 5.1 為四只 ETF 及其標的指數的價格走勢圖。從圖中可以看出，上證 50ETF 與上證 50 指數在期初偏差較大，2014 年以后偏差逐漸收斂，二者走勢基本一致。滬深 300ETF 與滬深 300 指數的走勢基本一致，追蹤誤差很小。創業板 ETF 與創業板 P 指數在期初偏差也較大，2015 年后偏差慢慢變小。中小板 ETF 與中小板 P 指數的追蹤誤差一直都很大，中小板 ETF 與中小板 P 指數長期存在較大的偏離。

為消除時間序列可能存在的異方差，對 ETF 價格和現貨指數價格的每日收盤價序列取自然對數，分別記為 f_t 和 s_t，ETF 和現貨指數的百分比對數收益率序列表示為一階差分 Δf_t 和 Δs_t。為簡單計，我們以 $f_{it}(s_{it})$、$\Delta f_{it}(\Delta s_{it})$（$i=1，2，3，4$）分別表示上證 50ETF、滬深 300ETF、中小板 ETF、創業板 ETF 的對數價格序列和對數收益率序列。

四只 ETF 及其指數的對數價格序列的統計特徵如表 5.4 所示。從標準差可以看出，ETF 與現貨指數基本同步變化，其中創業板 ETF 及其現貨指數的波動最大，這與創業板市場投機氛圍最為濃厚相一致。從偏度來看，它們均為右偏。從峰度來看，前三只 ETF 及其現貨指數的對數價格序列峰度小於 3，不具有尖峰特徵；而中小板 ETF 及其峰度都大於 3，具有尖峰性質。從 JB 統計量來看，ETF 和現貨指數的對數價格均不服從正態分佈。

表 5.4　　四只 ETF 及其指數的對數價格序列基本統計特徵

	f_1	s_1	f_2	s_2	f_3	s_3	f_4	s_4
均值	0.791	7.536	1.039	7.912	0.283	7.214	0.987	8.614
標準差	0.241	0.231	0.252	0.244	0.442	0.463	0.261	0.263
偏度	0.942	0.930	1.013	1.031	0.222	0.209	1.093	1.082
峰度	2.553	2.646	2.688	2.808	2.328	2.269	3.263	3.207
JB 值	136.324	130.345	152.764	155.941	23.619	25.770	176.383	171.756,7

四只 ETF 及其現貨指數的對數收益率序列的統計特徵如表 5.5 所示。從標準差和均值可以看出，創業板和中小板的波動最大，收益率也最高。從偏度和峰度來看，四只 ETF 及其現貨指數均為右偏，都具有尖峰性質。從 JB 統計量來看，ETF 和現貨指數的對數收益率序列均不

服從正態分佈。Ljung-Box Q 統計量和 ARCH 檢驗表明 ETF 和現貨指數的對數收益率序列存在自相關和條件異方差。

表 5.5　四只 ETF 及其指數的對數收益率序列基本統計特徵

	Δf_1	Δs_1	Δf_2	Δs_2	Δf_3	Δs_3	Δf_4	Δs_4
均值	0.042	0.033	0.047	0.040	0.142	0.150	0.067	0.067
標準差	1.829	1.816	1.866	1.719	2.613	2.250	2.211	1.873
偏度	−0.446	−0.428	−0.715	−0.720	−0.348	−0.510	−0.700	−0.700
峰度	9.037	7.924	10.592	7.670	6.238	4.544	9.263	5.836
JB 值	1,353.314	907.406	2,168.419	867.599	398.517	124.476	1,496.380	363.379
Q(20)	80.656***	72.981***	109.49***	85.069***	53.574***	44.382***	79.082***	45.270***
ARCH	9.620***	10.574***	19.272***	13.932***	35.144***	19.011***	33.518***	17.784***

註：Q (20) 是 20 階的 Ljung-Box Q 檢驗；ARCH 是滯后 10 階的自相關條件異方差檢驗；*、**、*** 分別表示 10%、5%、1%水平顯著，下同.

5.2.4　模型與研究方法

如果 ETF 價格序列 f_t 和標的指數價格序列 s_t 之間存在協整關係，那麼可以通過誤差修正模型來考察 ETF 價格和標的指數價格之間的長期均衡關係與短期變動特徵。具體形式如下：

$$\Delta f_t = \beta_{f,0} + \gamma_f ecm_{t-1} + \sum_{j=1}^{k} \beta_{fs,j} \Delta s_{t-j} + \sum_{j=1}^{k} \beta_{ff,j} \Delta f_{t-j} + \varepsilon_{f,t} \quad (5.8)$$

$$\Delta s_t = \beta_{s,0} + \gamma_s ecm_{t-1} + \sum_{j=1}^{k} \beta_{ss,j} \Delta s_{t-j} + \sum_{j=1}^{k} \beta_{sf,j} \Delta f_{t-j} + \varepsilon_{s,t} \quad (5.9)$$

由於 Δf_t 和 Δs_t 分別為 ETF 與標的指數的對數收益率，因此方程 (5.8) 和 (5.9) 刻畫了 ETF 與標的指數收益率的變動。$\beta_{f,0}$ 和 $\beta_{s,0}$ 是常數項。$\beta_{fs,j}$、$\beta_{ff,j}$、$\beta_{ss,j}$、$\beta_{sf,j}$ 為短期調整系數，k 為滯后階數，$\varepsilon_{f,t}$ ($\varepsilon_{s,t}$) 為 ETF (標的指數) 的殘差項。ecm_{t-1} 為 ETF 與標的指數價格協整關係中的誤差修正項，代表上一期價格關係偏離長期均衡關係的程度，γ_f 和 γ_s 為誤差修正項系數。如果 γ_f (或 γ_s) 相對較小，代表當價格關係偏離長期均衡時，ETF 價格（或標的指數價格）對偏離進行調整的傾向較小。也就是說大部分的調整是由標的指數價格（或 ETF 價格）進行，

因此，ETF（或標的指數）扮演較重要的價格發現功能。當 ETF 價格高於均衡價格時，ETF 價格應該下降，而現貨指數價格應該上升，這樣才能使價格關係回覆到長期均衡。因此，理論上來說，γ_f 應當為負值，γ_s 應當為正值。

在誤差修正模型的基礎上，還可以通過格蘭杰因果檢驗說明 ETF 市場和現貨指數市場之間的相互引導關係。若式（5.8）中 Δs_{t-j} 的系數不全為零或者誤差修正項系數 γ_f 不為零，則 s_t 格蘭杰引導 f_t；同樣，若式（5.9）中 Δf_{t-j} 的系數不全為零或者誤差修正項系數 γ_s 不為零，則 f_t 格蘭杰引導 s_t。可以利用 χ^2 統計量對滯后變量的系數進行檢驗，利用 t 統計量對誤差修正項系數進行檢驗。

由於雙變量 TGARCH 模型能夠刻畫 ETF 市場和現貨指數市場的 ARCH 效應、GARCH 效應和非對稱的信息衝擊（正負衝擊）對燃料油 ETF 和現貨指數市場的影響，很好地彌補了單變量 EGARCH 模型與 TGARCH 模型的不足。因此本書採用雙變量 TGARCH 模型研究 ETF 市場和現貨指數市場之間的波動傳導關係，並且在模型中引入誤差修正項的平方，以考察燃料油 ETF 價格和現貨指數價格的偏離對 ETF 和現貨指數市場波動的影響，從而更為準確地刻畫 ETF 市場與現貨指數市場信息之間的內在聯繫。雙變量 TGARCH 模型結構如下：

$$\varepsilon_t = \begin{pmatrix} \varepsilon_{f,t} \\ \varepsilon_{s,t} \end{pmatrix} \sim N(0, H_t | \Omega_{t-1}) \tag{5.10}$$

$$H_t = \begin{bmatrix} h_{ff,t} & h_{fs,t} \\ h_{sf,t} & h_{ss,t} \end{bmatrix} \tag{5.11}$$

$$\begin{aligned} h_{ff,t} &= w_f + \varphi_{f,1} h_{ff,t-1} + \varphi_{f,2} \varepsilon_{f,t-1}^2 + \varphi_{f,3} \varepsilon_{f,t-1}^2 I_{f,t} + \varphi_{f,s} \varepsilon_{s,t-1}^2 \\ &\quad + \varphi_{f,ecm} ecm_{t-1}^2 \end{aligned} \tag{5.12}$$

$$\begin{aligned} h_{ss,t} &= w_s + \varphi_{s,1} h_{ss,t-1} + \varphi_{s,2} \varepsilon_{s,t-1}^2 + \varphi_{s,3} \varepsilon_{s,t-1}^2 I_{s,t} + \varphi_{s,f} \varepsilon_{f,t-1}^2 \\ &\quad + \varphi_{s,ecm} ecm_{t-1}^2 \end{aligned} \tag{5.13}$$

其中 $\varepsilon_{f,t}$ 和 $\varepsilon_{s,t}$ 分別為誤差修正模型中式（5.8）和式（5.9）中的殘差項，Ω_{t-1} 是到 $t-1$ 期為止的信息集，H_t 為殘差的方差-協方差矩陣。在條件方差方程式（5.12）和（5.13）中，w_f 和 w_s 是常數項，ecm_{t-1} 為

誤差修正模型中的誤差修正項。$\varphi_{f,1}(\varphi_{s,1})$ 衡量了 ETF（現貨指數）市場上一期條件方差對市場當期條件方差的影響，即市場的波動聚集效應。$\varphi_{f,2}(\varphi_{s,2})$ 衡量了 ETF（現貨指數）市場的條件方差依賴於它前期殘差的大小，即 ARCH 效應。$\varphi_{f,3}(\varphi_{s,3})$ 反應前一期正衝擊（利好消息）與負衝擊（利空消息）對 ETF（現貨指數）市場波動的非對稱性影響，其中當 $\varepsilon_{i,t-1} < 0$ 時，$I_{i,t}$ 取值為 1；否則取值為 0。$\varphi_{f,3}(\varphi_{s,3})$ 顯著非零，說明非對稱性影響顯著。若 $\varphi_{f,3}(\varphi_{s,3})$ 顯著為正，說明負衝擊比正衝擊更能增加波動性；$\varphi_{f,3}(\varphi_{s,3})$ 顯著為負，說明負衝擊對波動的增加小於正衝擊。這種信息衝擊對波動影響的不對稱性就是所謂的「槓桿效應（Leverage Effect）」。系數 $\varphi_{f,s}(\varphi_{s,f})$ 衡量了現貨指數（ETF）前期殘差對當期 ETF（現貨指數）市場條件方差的溢出效應，用來說明兩個市場間的關係和影響程度。系數 $\varphi_{f,ecm}(\varphi_{s,ecm})$ 衡量了誤差修正項即系統偏離長期均衡對 ETF（現貨指數）市場條件方差所產生的影響。理論上，當 ETF 和現貨指數價格偏離長期均衡時，市場上的套利行為使得 ETF 和現貨指數市場的交易更為頻繁，從而增加兩個市場的波動。因此，理論上 $\varphi_{f,ecm}(\varphi_{s,ecm})$ 應該為正值。

5.2.5　實證結果分析

在進行協整關係檢驗之前，必須先檢驗時間序列的平穩性，即檢驗序列是否服從單位根過程。本書採用常用的單位根檢驗方法——ADF 檢驗。表 5.6 的 ADF 檢驗結果表明，在 1% 的顯著水平下，價格序列 f_t 和 s_t 都為非平穩序列，但一階差分后的序列 Δf_t 和 Δs_t 均為平穩序列。因此，ETF 價格序列和現貨指數價格序列都是一階單整過程。

表 5.6　　價格序列和對數收益率序列平穩性檢驗

	f_1	s_1	f_2	s_2	f_3	s_3	f_4	s_4
檢驗類型	$(c,t,0)$	$(c,t,0)$	$(c,t,0)$	$(c,t,0)$	$(c,t,0)$	$(c,t,0)$	$(c,t,0)$	$(c,t,0)$
ADF 值	-1.814	-1.773	-1.835	-1.794	-2.636	-2.517	-2.377	-2.399
1% 臨界值	-3.969	-3.969	-3.969	-3.969	-3.969	-3.969	-3.969	-3.969
結論	不平穩	不平穩	不平穩	不平穩	不平穩	不平穩	不平穩	不平穩

表 5.6（續）

	Δf_1	Δs_1	Δf_2	Δs_2	Δf_3	Δs_3	Δf_4	Δs_4
檢驗類型	$(c,0,0)$	$(c,0,0)$	$(c,0,0)$	$(c,0,0)$	$(c,0,0)$	$(c,0,0)$	$(c,0,0)$	$(c,0,0)$
ADF 值	-27.916	-27.892	-23.011	-21.852	-22.248	-21.468	-23.045	-21.479
1%臨界值	-3.438	-3.438	-3.438	-3.438	-3.438	-3.438	-3.438	-3.438
結論	平穩	平穩	平穩	平穩	平穩	平穩	平穩	平穩

註：(c,t,p) 為檢驗類型，參數 c、t、p 分別表示單位根檢驗方程中是否包括常數項、時間趨勢項和滯后階數。

對於兩組或兩組以上存在單位根的變量序列，如果它們的線性組合是平穩的，則表明這些變量序列之間存在協整關係。協整關係檢驗可以判斷變量之間是否存在長期穩定的均衡關係。本書應用 Engle 和 Granger（1987）提出的兩步法（迴歸殘差法）進行序列 f_t 和 s_t 之間的協整關係檢驗，即首先以 f_t 為因變量、s_t 為自變量建立線性迴歸方程，再對迴歸的殘差序列 ecm_t 進行單位根檢驗。如果殘差序列為平穩序列，則 f_t 和 s_t 之間具有協整關係。從表 5.7 最后一列的檢驗結果可以看出，殘差序列 ecm_t 在 1%的顯著性水平下是平穩的，因此 f_t 和 s_t 之間具有協整關係。由此可知，中國燃料油 ETF 市場和現貨指數市場之間存在長期均衡關係，燃料油 ETF 市場具有定價效率。表 5.7 給出了協整方程的估計結果。

表 5.7　ETF 價格和現貨指數價格協整方程估計結果

	f_1	f_2	f_3	f_4
c	-7.017***	-7.119***	-6.608***	-7.563***
	(0.024)	(0.016)	(0.007)	(0.009)
s	1.036***	1.031***	0.955***	0.992***
	(0.003)	(0.002)	(0.001)	(0.001)
ecm	平穩	平穩	平穩	平穩

註：（ ）中為估計量的標準差，下同。

在協整基礎上進行誤差修正模型估計，本書根據 AIC 信息準則，確定向量誤差修正模型的最優滯后階數 k 為 2。表 5.8 至表 5.11 分別給出了上證 50ETF、滬深 300ETF、創業板 ETF、中小板 ETF 誤差修正模型

的參數估計和格蘭杰因果檢驗結果。表 5.8 結果顯示：上證 50ETF 誤差修正項系數中的 γ_f 和 γ_s 均為正，且顯著。應用 χ^2 統計量對上證 50ETF 價格和現貨指數價格之間的格蘭杰因果檢驗的結果說明，ETF 價格和現貨指數價格之間存在雙向格蘭杰因果關係。這說明，ETF 價格和現貨指數價格具有雙向引導關係。在 ETF 公式中，ETF 滯后 1 期系數顯著為正；現貨指數價格滯后 1 期和 2 期的系數統計都顯著，說明現貨指數價格的變動會對 ETF 價格產生影響。在現貨指數公式中，ETF 滯后 1 期至 2 期的系數都是顯著的，說明 ETF 價格的變動會對現貨指數價格產生作用；現貨指數滯后 1 期至 2 期的系數統計上顯著為負值，說明現貨指數具有均值回覆特徵。

表 5.9 的結果顯示：滬深 300ETF 誤差修正項系數中的 γ_f 和 γ_s 均為正，但不顯著。格蘭杰因果檢驗結果表明：ETF 是現貨價格變化的原因。表 5.10 的結果顯示：創業板 ETF 中的 γ_f 和 γ_s 均為負，且顯著。格蘭杰因果檢驗的結果表明：ETF 價格和現貨指數價格之間存在雙向格蘭杰因果關係。表 5.11 的結果顯示：中小板 ETF 中的 γ_f 和 γ_s 均為負，且顯著。格蘭杰因果檢驗的結果表明：ETF 價格和現貨指數價格之間存在雙向格蘭杰因果關係。

表 5.8　上證 50ETF 誤差修正模型的參數估計及格蘭杰因果檢驗

Panel A：誤差修正模型估計結果						
Δf_t	$\beta_{f,0}$	γ_f	$\beta_{fs,1}$	$\beta_{fs,2}$	$\beta_{ff,1}$	$\beta_{ff,2}$
	0.000	0.037*	−0.703**	−0.116***	0.749**	0.040
	(0.000)	(0.028)	(0.303)	(0.301)	(0.299)	(0.301)
Δs_t	$\beta_{s,0}$	γ_s	$\beta_{ss,1}$	$\beta_{ss,2}$	$\beta_{sf,1}$	$\beta_{sf,2}$
	0.000	0.042*	−1.160***	−0.292***	1.213***	0.233*
	(0.000)	(0.028)	(0.300)	(0.300)	(0.294)	(0.300)

Panel B：Granger 因果檢驗		
零假設 H_0	χ^2 統計量	概率值
$\beta_{fs,1} = \beta_{fs,2} = 0$	4.890***	0.008
$\beta_{sf,1} = \beta_{sf,2} = 0$	10.832***	0.000

表 5.9　滬深 300ETF 誤差修正模型的參數估計及格蘭杰因果檢驗

Panel A：誤差修正模型估計結果

	$\beta_{f,0}$	γ_f	$\beta_{fs,1}$	$\beta_{fs,2}$	$\beta_{ff,1}$	$\beta_{ff,2}$
Δf_t	0.000	0.026	−0.032	0.292*	0.099	−0.393**
	(0.000)	(0.044)	(0.181)	(0.174)	(0.165)	(0.163)
	$\beta_{s,0}$	γ_s	$\beta_{ss,1}$	$\beta_{ss,2}$	$\beta_{sf,1}$	$\beta_{sf,2}$
Δs_t	0.000	0.048	−0.290*	0.092***	0.366**	−0.163
	(0.000)	(0.041)	(0.0267)	(0.160)	(0.152)	(0.149)

Panel B：Granger 因果檢驗

零假設 H_0	χ^2 統計量	概率值
$\beta_{fs,1} = \beta_{fs,2} = 0$	1.147	0.318
$\beta_{sf,1} = \beta_{sf,2} = 0$	6.072***	0.002

表 5.10　創業板 ETF 誤差修正模型的參數估計及格蘭杰因果檢驗

Panel A：誤差修正模型估計結果

	$\beta_{f,0}$	γ_f	$\beta_{fs,1}$	$\beta_{fs,2}$	$\beta_{ff,1}$	$\beta_{ff,2}$
Δf_t	0.001	−0.306**	0.021	0.170	0.075	−0.202*
	(0.000)	(0.079)	(0.145)	(0.138)	(0.127)	(0.122)
	$\beta_{s,0}$	γ_s	$\beta_{ss,1}$	$\beta_{ss,2}$	$\beta_{sf,1}$	$\beta_{sf,2}$
Δs_t	0.001	−0.117*	0.032	−0.017	0.092	−0.051
	(0.000)	(0.068)	(0.126)	(0.120)	(0.110)	(0.105)

Panel B：Granger 因果檢驗

零假設 H_0	χ^2 統計量	概率值
$\beta_{fs,1} = \beta_{fs,2} = 0$	11.095***	0.000
$\beta_{sf,1} = \beta_{sf,2} = 0$	3.079**	0.000

表 5.11　中小板 ETF 誤差修正模型的參數估計及格蘭杰因果檢驗

Panel A：誤差修正模型估計結果

	$\beta_{f,0}$	γ_f	$\beta_{fs,1}$	$\beta_{fs,2}$	$\beta_{ff,1}$	$\beta_{ff,2}$
Δf_t	0.001	-0.486***	-0.269*	0.216*	0.364**	-0.253*
	(0.001)	(0.105)	(0.142)	(0.137)	(0.124)	(0.120)
	$\beta_{s,0}$	γ_s	$\beta_{ss,1}$	$\beta_{ss,2}$	$\beta_{sf,1}$	$\beta_{sf,2}$
Δs_t	0.001	-0.130*	-0.091	0.111	0.207*	-0.161*
	(0.001)	(0.090)	(0.122)	(0.118)	(0.107)	(0.103)

Panel B：Granger 因果檢驗

零假設 H_0	χ^2 統計量	概率值
$\beta_{fs,1} = \beta_{fs,2} = 0$	20.481***	0.000
$\beta_{sf,1} = \beta_{sf,2} = 0$	5.473**	0.004

表 5.12 給出了上證 50ETF、滬深 300ETF、創業板 ETF、中小板 ETF 的雙變量 TGARCH 模型的估計結果。從表中可以看出，四只 ETF 收益率的 GARCH 項和 ARCH 項系數在 1% 水平下均顯著，說明 ETF 收益率存在明顯的波動聚集效應。在檢驗消息對收益率衝擊的不對稱效應中，只有中小板和創業板 ETF 及其現貨指數的 $\varphi_{f,3}$、$\varphi_{s,3}$ 顯著為負，說明創業板和中小板的 ETF 及其現貨指數市場存在「槓桿效應」，好消息能比壞消息產生更大的波動，也就是說市場對好消息反應敏感，對壞消息反應遲鈍。關於 ETF 市場和現貨指數市場之間的波動溢出效應，除了滬深 300ETF 以外，其他三只 ETF 的 $\varphi_{f,s}$ 顯著為正值，說明現貨指數市場的一階滯后標準誤差對 ETF 市場的波動具有顯著的正向衝擊，現貨指數市場對 ETF 市場存在波動溢出效應，且現貨指數市場的前期波動對 ETF 市場的當期波動起到顯著增強的作用。滬深 300ETF 和創業板 ETF 的 $\varphi_{s,f}$ 顯著為正，說明 ETF 市場的一階滯后標準誤差對現貨指數市場的波動有顯著影響，ETF 市場對現貨指數市場存在顯著波動溢出效應。另外，系數 $\varphi_{f,ecm}$ 和 $\varphi_{s,ecm}$ 都不顯著，說明誤差修正項對方差不具有解釋作用。

表 5.12　　　　四只 ETF 雙變量 TGARCH 模型估計結果

上證 50ETF

	w_f	$\varphi_{f,1}$	$\varphi_{f,2}$	$\varphi_{f,3}$	$\varphi_{f,s}$	$\varphi_{f,ecm}$
$h_{ff,t}$	0.000***	-0.229***	0.129***	0.007	0.606***	-0.051***
	(0.000)	(-3.007)	(0.038)	(0.372)	(0.184)	(0.008)

	w_s	$\varphi_{s,1}$	$\varphi_{s,2}$	$\varphi_{s,3}$	$\varphi_{s,f}$	$\varphi_{s,ecm}$
$h_{ss,t}$	0.000	0.056**	0.022	-0.057	0.421	-0.044***
	(0.000)	(0.275)	(0.132)	(0.048)	(0.085)	(0.014)

滬深 300ETF

	w_f	$\varphi_{f,1}$	$\varphi_{f,2}$	$\varphi_{f,3}$	$\varphi_{f,s}$	$\varphi_{f,ecm}$
$h_{ff,t}$	0.000***	-0.019***	0.022***	-0.002	0.959***	-0.002
	(0.000)	(0.006)	(0.007)	(0.003)	(0.140)	(0.002)

	w_s	$\varphi_{s,1}$	$\varphi_{s,2}$	$\varphi_{s,3}$	$\varphi_{s,f}$	$\varphi_{s,ecm}$
$h_{ss,t}$	0.000	0.009	-0.010	0.003	1.003***	-0.002
	(0.000)	(0.006)	(0.006)	(0.003)	(0.154)	(0.003)

創業板 ETF

	w_f	$\varphi_{f,1}$	$\varphi_{f,2}$	$\varphi_{f,3}$	$\varphi_{f,s}$	$\varphi_{f,ecm}$
$h_{ff,t}$	0.000*	0.928***	0.092***	-0.077***	-0.001***	0.063
	(0.000)	(0.019)	(0.024)	(0.023)	(0.000)	(0.047)

	w_s	$\varphi_{s,1}$	$\varphi_{s,2}$	$\varphi_{s,3}$	$\varphi_{s,f}$	$\varphi_{s,ecm}$
$h_{ss,t}$	0.000*	0.935***	0.088***	-0.074***	0.000***	0.028
	(0.000)	(0.020)	(0.028)	(0.028)	(0.000)	(0.025)

中小板 ETF

	w_f	$\varphi_{f,1}$	$\varphi_{f,2}$	$\varphi_{f,3}$	$\varphi_{f,s}$	$\varphi_{f,ecm}$
$h_{ff,t}$	0.000	0.508***	-0.222***	-0.011**	0.458***	0.078
	(0.000)	(0.038)	(0.002)	(0.005)	(0.036)	(0.048)

	w_s	$\varphi_{s,1}$	$\varphi_{s,2}$	$\varphi_{s,3}$	$\varphi_{s,f}$	$\varphi_{s,ecm}$
$h_{ss,t}$	0.000**	0.931***	0.087***	-0.054*	-0.001	0.000
	(0.000)	(0.016)	(0.023)	(0.028)	(0.000)	(0.023)

5.2.6 本節小結

本節使用四只 ETF 和現貨指數日度價格數據，借助向量誤差修正模型、格蘭杰因果檢驗、雙變量 TGARCH 模型，對中國 ETF 與其現貨指數之間的價格發現和波動溢出效應進行了深入研究。主要結論有：

（1）上證 50ETF、創業板 ETF、中小板 ETF 這三只 ETF 的價格和現貨指數價格之間存在長期均衡關係和短期的雙向引導關係；滬深 300ETF 在滬深 300ETF 及其指數的價格發現中起主導作用。這一結論說明中國 ETF 市場經過多年的發展，ETF 市場與現貨指數市場之間已形成良好的互動關係。

（2）除滬深 300ETF 外，其他三只 ETF 市場存在顯著的槓桿效應，現貨指數市場的新信息對 ETF 市場具有正向的衝擊。滬深 300ETF 和創業板 ETF 對現貨指數的波動具有顯著影響。

由此可以看出，中國 ETF 市場經過多年的發展，市場運行良好，價格發現功能已經顯現。中國應該堅持發展，鼓勵創新，引導中國 ETF 市場健康發展並成為中國資本市場重要的組成部分。但是從 ETF 市場和現貨指數市場之間的波動溢出效應結果來看，中國 ETF 市場和現貨指數市場之間的非價格因素的信息傳遞還不明顯，因此要進一步規範中國 ETF 市場和現貨指數市場，擴大市場信息披露的範圍和途徑，完善市場間的信息流通渠道。

5.3 ETF 與傳統指數基金的替代效應分析

5.3.1 引言

與指數基金相比，ETF 具有交易成本低廉、信息透明、交易便捷等優勢。自 1993 年被引入市場以來，ETF 逐漸成為全球投資者進行指數化投資的主要工具之一。ETF 的引入加大了指數化產品市場的競爭，一些學者如 Poterba 和 Shoven（2002）、Kostovetsky（2003）、Huang 和 Guedj（2009）等認為，具有更高運行效率的 ETF 將會替代傳統的指數

基金。Agapova（2011）針對美國市場的研究表明，美國市場的指數基金與ETF確實存在一定的替代關係。

圖5.2是2003—2015年中國股票型ETF、開放式股票基金與指數型股票基金的資產淨值變化圖。從圖5.2中可以看出：三類股票型基金在波動中快速增長，受次貸危機影響，三類股票型基金在2007年達到階段性高點以後，快速下降，但2009年以後發展更為強勁。受2015年股災影響，股票型ETF與指數型基金有所下降，但從整個樣本期間來看，中國股票型ETF一直穩步增長，初期發展較為緩慢，2009年以後進入快速發展期。中國開放式股票基金在2003—2015年實現了跨越式發展，2003年其資產淨值為73.25億元，2015年資產淨值為7,583.59億元，12年增長了近100倍。從圖中可以看出，指數型股票基金與開放式股票基金走勢相一致。中國開放式股票基金九成是由指數型股票基金構成的，僅2015年指數型股票基金的占比略有下降，約為70%。股票型ETF從無到有，2003年的資產淨值為54.15億元，2015年資產淨值為1,812.53億元，增長了33倍。2015年股票型ETF的資產淨值占全部開放式股票基金資產淨值的24%。目前中國所有的股票型ETF均是指數型的，2015年股票型ETF的資產淨值占所有指數型股票基金的34%。

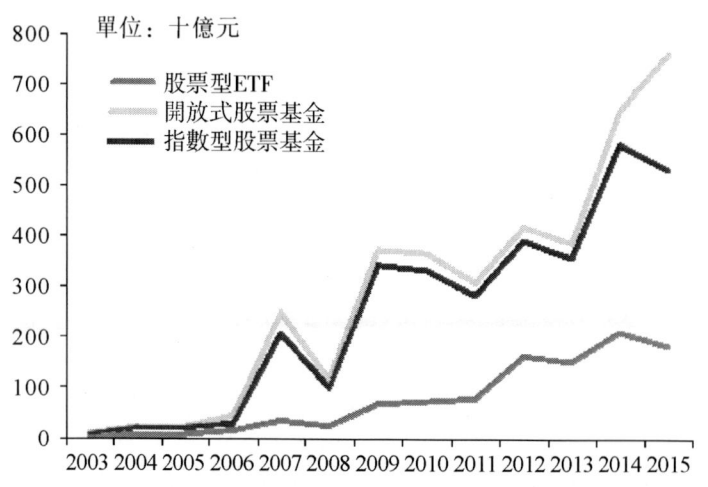

圖5.2　股票型ETF、開放式股票基金、指數型股票基金資產淨值變化圖

數據來源：Wind數據庫 http://www.wind.com.cn/．

圖 5.2 顯示，中國股票型 ETF 與指數基金呈齊頭並進的發展態勢。隨著中國 ETF 市場的快速發展，投資者對 ETF 的認可度也越來越高，那麼這二者之間存在怎樣的關係，是相互替代還是互補呢？在構建相關模型的基礎上，本書擬通過中國 ETF 市場與指數基金的實際數據對這兩者之間的關係進行實證檢驗，以期更好地認識這兩種產品，為中國 ETF 產品未來的發展提供一定的實證支持，也為投資者和監管部門提供一定的決策借鑑。

5.3.2 文獻綜述

已有大量的文獻對開放式基金進行研究，研究的重點包括業績表現、基金結構、市場影響、投資者行為等（Carhart, 1997; Sirri & Tufano, 1998; Edelen, 1999; Kacperczyk et al., 2011）。相比而言，對 ETF 的相關研究還比較少。

Gastineau（2004）採用 Blume 和 Edelen（2003, 2004）的交易策略，分析了 ETF 與傳統指數基金相對於基準指數的業績表現。結果表明：傳統指數基金能夠超越其基準指數以及跟蹤相似指數的 ETF。Gastineau（2004）認為，ETF 的結構性缺陷（無法進行紅利再投資）是造成傳統指數基金表現優於 ETF 的主要原因。Elton 等（2002）以 SPDR（Standard & Poor Depositary Receipt）為研究對象，探討了 ETF 相對於基準指數的業績表現。研究發現：SPDR 的二級市場價格與其一級市場淨值非常接近，而且 SPDR 的表現超過 S&P 500 指數以及一些低成本的指數基金。Kostovetsky（2003）基於投資者交易偏好、稅收等因素，比較了傳統指數基金與 ETF 這兩種被動型投資方式，發現二者的差異主要在於管理費、稅收有效性、交易便利性等。Guedj 和 Huang（2008）通過比較 ETF 與傳統指數基金的流動性差異，探討 ETF 是否具有更優的組織結構。Guedj 和 Huang（2008）構造了一個均衡模型。理論分析表明：傳統指數基金更適合風險厭惡投資者，因為傳統指數基金裡隱含了對抗未來流動性衝擊的部分保險功能。作者還發現，對於傳統指數基金與 ETF，所有投資者的交易成本是一樣的，但資產配置成本不一樣。

國內研究方面，大量的文獻主要針對 ETF 的市場表現進行研究，探討 ETF 的跟蹤誤差、折溢價表現等。張英奎等（2013）對上證 50ETF

的跟蹤誤差進行研究，發現上證 50ETF 的跟蹤誤差較高，ETF 基金費率在上證 50ETF 的跟蹤誤差中占的比重很小，跟蹤誤差更多地來源於複製產生的誤差。王良和馮濤（2012）對中國 ETF 基金價格「已實現」波動率與跟蹤誤差之間的因果關係進行檢驗。實證分析表明，這二者之間存在因果關係：當 ETF 基金的跟蹤誤差受外部市場條件的某一衝擊后，將給 ETF 基金價格「已實現」波動率帶來同向的衝擊，這一衝擊具有一定的持續性和滯后性。陳家偉和田映華（2005）通過對 ETF 套利交易機制的分析，探討了 ETF 跟蹤誤差產生的原因。

綜上所述，目前國內還未有學者對 ETF 與傳統指數基金之間的關係進行探討，而對這兩種產品相互關係的探討，有助於我們更好地認識這兩種產品。本書通過構建面板迴歸模型，分析跟蹤同一指數的傳統指數基金和 ETF 之間的淨現金流流入的相互關係，以探討這兩種產品之間的相互關係。

5.3.3 數據說明與變量定義

（1）數據說明

中國最早的指數基金是 2002 年上市的華安創新基金，第一只 ETF 上證 50ETF 於 2004 年 12 月推出。由於 2005 年以后才有 ETF 的完整數據，因此本書的樣本期限為 2005 年 1 月至 2016 年 6 月，數據為季度數據。所有數據均來自 Wind 數據庫。本書將研究樣本限定為追蹤同一指數的 ETF 和傳統指數基金。鑒於 ETF 聯接型基金和增強型指數基金的投資範式與傳統指數基金差別較大，本書剔除了 ETF 聯接基金、指數增強型基金。為保證數據的有效性並消除異常樣本對研究結論的影響，本書利用 Winsorize 方法對 1% 和 99% 的異常值進行截尾處理。

表 5.13 是跟蹤同一指數的傳統指數基金與 ETF 數量的統計（具體的列表見附錄 1）。表 5.13 顯示：滬深 300 指數和中證 500 指數是跟蹤指數基金最多的兩個指數，之后是上證 50 指數、深證 100 指數和創業板指數。其他的一些指數跟蹤的指數基金和 ETF 數量僅為 1。

表 5.13　跟蹤同一指數的傳統指數基金與 ETF 數量（截至 2016 年 6 月）

跟蹤指數	傳統指數基金數量（只）	ETF 數量（只）
滬深 300 指數	16	7
中證 500 指數	6	9
上證 50 指數	5	3
深證 100 指數	5	1
創業板指數	4	2
深圳成指	2	2
中小板指數	2	1
深證 300 指數	2	1
上證綜指	1	1
上證 180 指數	1	1
滬深 300 等權重	1	1
中小板 300	1	1
深證 TMT50 指數	1	1
合計	47	31

（2）變量定義

① *TNA*：基金規模，使用基金資產淨值度量。單位：億元。

② *LTNA*：*TNA* 的自然對數。本書將傳統指數基金、ETF 的 *LTNA* 分別記為 *CF_LTNA* 和 *ETF_LTNA*。

③ *Flow*：基金淨現金流流入。參照 Schwarz（2012）；Pollet 和 Wilson（2008），使用基金淨資產增長速度度量基金的淨現金流流入，並按照基金期間實際回報率 r_t 對基金規模進行調整。具體公式如下：

$$Flow_t = \frac{TNA_t - TNA_{t-1}(1 + r_t)}{TNA_{t-1}(1 + r_t)} \tag{5.14}$$

其中 r_t 是每只基金在 t 期的單位淨值收益率。本書將傳統指數基金淨現金流流入記為 $FlowCF_{i,t}$（Flow to Conventional Funds），將 ETF 淨現金流流入記為 $FlowETF_{i,t}$（Flow to ETFs）。

④ *NetRet*：基金淨值的對數收益率。本書將傳統指數基金收益率記為 *CF_NetRet*、ETF 收益率記為 *ETF_NetRet*。

⑤ *IndexRet*：跟蹤指數的對數收益率。

⑥ *Exp*：基金費率，基金管理費用與託管費用之和。

⑦ *TE*：跟蹤誤差（Tracking Error）。Roll（1992）提出了三種指數基金跟蹤誤差的計算方法：絕對值法、標準差法和迴歸殘差法，其中絕對值法和標準差法是最為常用的方法。本書採用絕對值法計算跟蹤誤差，計算公式如下：

$$TE = |NetRet - IndexRet| \tag{5.15}$$

5.3.4 實證檢驗及結果

（1）描述性統計

表5.14列出了47只指數與31只ETF的資產淨值、基金費率。從表中可以看出，ETF的費用較傳統指數基金低廉很多。總體來看，大部分指數所對應的ETF的資產淨值遠高於傳統指數基金規模，如滬深300指數、中證500指數、深證100指數等規模指數。

表5.14　跟蹤同一指數的傳統指數基金與ETF統計

跟蹤指數	傳統指數基金		ETF	
	資產淨值（億元）	基金費率	資產淨值（億元）	基金費率
上證綜指	43.34	0.9	3.04	0.6
上證180指數	37.39	0.6	72.28	0.6
上證50指數	3.25	0.94	60.66	0.53
滬深300指數	14.08	0.96	106.36	0.6
中證500指數	4.81	1.02	15.47	0.63
滬深300等權重	2.23	0.9	1.78	0.6
深圳成指	16.93	1.2	18	0.6
中小板指數	5.71	1.22	33.03	0.6
創業板指數	13.57	0.91	9.4	0.6
深證300指數	1.15	0.9	1.68	0.6
中小板300	0.47	1.22	5.4	0.6
深證100指數	19.13	1.07	105.43	0.6
深證TMT50指數	4.52	1.2	2.09	0.6

表 5.15 是樣本標的追蹤誤差統計，價值加權按照每只基金的資產淨值進行加權。表 5.15 顯示：不管是等權重還是價值加權，傳統指數基金和 ETF 的跟蹤誤差都顯著不等於 0；規模越大的指數基金和 ETF 的跟蹤誤差越小。

表 5.15　跟蹤同一指數的傳統指數基金與 ETF 跟蹤誤差統計

	等權重				價值加權			
	傳統指數基金		ETF		傳統指數基金		ETF	
	均值	u≠0	均值	u≠0	均值	u≠0	均值	u≠0
上證綜指	0.001,23	**	0.001,65	***	0.001,23	**	0.001,65	***
上證 180 指數	0.002,17	**	0.003,21	***	0.002,17	**	0.003,21	***
上證 50 指數	0.001,31	***	0.001,05	***	0.001,01	***	0.000,904	***
滬深 300 指數	0.001,02	***	0.000,84	***	0.000,96	***	0.000,75	***
中證 500 指數	0.001,12	***	0.000,87	***	0.001,02	***	0.000,79	***
滬深 300 等權重	0.003,21	***	0.003,23	***	0.003,21	***	0.003,23	***
深圳成指	0.001,78	***	0.001,01	***	0.001,68	***	0.000,87	***
中小板指數	0.001,72	***	0.001,43	***	0.001,32	***	0.001,43	***
創業板指數	0.001,37	***	0.001,07	***	0.001,24	***	0.000,96	***
深證 300 指數	0.002,38	***	0.001,89	***	0.002,12	***	0.001,89	***
中小板 300	0.001,35	***	0.001,32	***	0.001,35	***	0.001,32	***
深證 100 指數	0.001,46	***	0.001,56	***	0.001,36	***	0.001,56	***
深證 TMT50 指數	0.002,56	***	0.002,43	***	0.002,56	***	0.002,43	***

（2）迴歸分析

檢驗傳統指數基金與 ETF 替代效應的最有效的方法是利用個人投資者帳戶數據進行分析，但是，由於個人投資者帳戶數據不可得，因此在以下的實證分析中，我們假設一個代表性的投資者。利用傳統指數基金和 ETF 基金現金流流入的變化來探討二者之間的關係。迴歸模型如下：

$$FlowCF_{i,t} = \alpha_{i,t} + \beta_1 FlowETF_{i,t} + \beta_2 FlowETF_{i,t-1} + \beta_3 FlowCF_{i,t-1}$$
$$+ \beta_4 IndexRet_{i,t-1} + \beta_5 CF\_Ret_{i,t} + \beta_6 CF\_Ret_{i,t-1}$$
$$+ \beta_{10} CF\_LTNA_{i,t} + \varepsilon_{i,t} \qquad (5.16)$$

$$FlowETF_{i,t} = \alpha_{i,t} + \beta_1 FlowCF_{i,t} + \beta_2 FlowETF_{i,t-1} + \beta_3 FlowCF_{i,t-1}$$
$$+ \beta_4 IndexRet_{i,t-1} + \beta_5 ETF\_Ret_{i,t} + \beta_6 ETF\_Ret_{i,t-1}$$
$$+ \beta_{10} ETF\_LTNA_{i,t} + \varepsilon_{i,t} \qquad (5.17)$$

變量說明見前文所述。若式（5.16）和（5.17）中的β_1均為正，則不能拒絕傳統指數基金和 ETF 是互補品的假設；若（5.16）和（5.17）式中的β_1至少有一個為負，則拒絕傳統指數基金和 ETF 是互補品的假設，說明二者之間是相互替代的。

為了控制內生性，我們採用類似無關迴歸方法（Seemingly Unrelated Regression，SUR）進行迴歸，本書同樣給出了普通最小二乘法的估計結果。考慮到不同基金可能具有一些無法觀測到的特徵，為控制該特徵對基金業績的影響，本書的面板迴歸分析中包括了年度和跟蹤指數的虛擬變量。

迴歸結果見表 5.16。從表 5.16 中可以看出：不管是普通 OLS 還是 SUR 迴歸，傳統指數基金和 ETF 的β_1均為負，且都在 1% 顯著水平下顯著。因此，我們可以拒絕原假設，也就是說 ETF 與傳統指數基金互為替代。另外，基金的歷史收益（基金對數收益率的滯后項）、基金規模的迴歸系數均為正，且在 5% 顯著水平下顯著，說明基金的歷史收益、基金規模與基金現金流流入正相關，也就是說表現越好、規模越大的基金會吸引越多的資產流入。

表 5.16　　　　　　　淨現金流流入迴歸結果

	FlowCF		FlowETF	
	OLS	SUR	OLS	SUR
截距項	−130.50(−0.41)	−155.03(−0.52)	302.30(0.23)	284.31(0.39)
$FlowETF_t$	−0.201***(−9.23)	−0.256***(−10.12)		
$FlowETF_{t-1}$	0.001(0.020)	0.011(0.036)	0.065*(2.01)	0.081*(2.16)
$FlowCF_t$			−0.618***(−5.65)	−0.927***(−8.34)
$FlowCF_{t-1}$	0.121**(3.17)	0.197**(3.32)	−0.011(−0.002)	0.003(0.031)
$IndexRet_{t-1}$	−64.731(−0.01)	−134.212(−0.03)	−300.210(−0.321)	−403.452(−0.388)
ETF_Ret_t			324.194**(3.97)	352.145**(3.92)
ETF_Ret_{t-1}			278.391*(2.97)	312.858*(2.72)
CF_Ret_t	78.476*(2.48)	81.321*(2.68)		

表5.16(續)

	FlowCF		FlowETF	
	OLS	SUR	OLS	SUR
CF_Ret_{t-1}	88.456*(2.52)	91.234*(2.71)		
ETF_LTNA_t			12.331(1.23)	14.567*(2.38)
CF_LTNA_t	1.320*(1.99)	1.438*(2.02)		
Obs	5,109	5,109	5,109	5,109
R^2	0.32	0.36	0.17	0.31
年份	控制	控制	控制	控制
指數	控制	控制	控制	控制

註：括號裡為 t 值. *、**、*** 分別表示在10%、5%、1%顯著水平下顯著.

5.3.5 本節小結

利用2005—2015年跟蹤同一指數的47只傳統指數基金和37只ETF的季度數據，探討中國傳統指數基金和ETF這兩類非常相似的指數化產品之間的替代關係。研究結果表明，傳統指數基金與ETF存在替代關係，ETF基金淨現金流的增長會降低傳統指數基金淨現金流流入，反之亦然；但二者並非完美替代，ETF並不能完全取代指數基金。

5.4 市場流動性與ETF資金流關係分析

5.4.1 引言

ETF兼具封閉式基金和開放式基金的特點，既可以在二級市場自由買賣，又可以在一級市場申購和贖回，為投資者提供了一種可以即時買賣一攬子股票的投資產品。而且ETF還具有交易費用低廉（無印花稅、申贖費率較開放式指數基金低）、投資透明的優勢。由於ETF諸多優良的制度設計，ETF自誕生之日起，就受到世界各國投資者的追捧，成為全球金融市場上最受矚目的金融創新之一，其資產規模迅速擴大。中國A股市場於2005年2月推出中國首只ETF即上證50ETF，此后中國

ETF 市場快速發展。截至 2015 年 12 月，滬深兩市上市交易的 ETF 共有 124 只，資產管理規模超過 2,000 億元。

目前，國內學者對 ETF 的研究主要集中在定價或追蹤誤差方面，對 ETF 資產流的研究還比較少。與 ETF 定價指標相比，ETF 資產流更能準確地反應投資者對 ETF 的實際需求，從而有助於學術界深入理解 ETF 投資者的投資動機。與開放式基金相比，目前中國 ETF 全部都是指數型基金，採用完全複製標的指數的被動式投資策略，其日常資產管理主要由計算機程序執行，基金經理能力並不會對 ETF 的業績和資金流量產生重要影響，這將有助於避免因基金經理能力控制變量缺失而導致的模型內生性問題（楊墨竹，2013）。因此，ETF 為我們提供了一個更為「潔淨」的實證環境。由於大多數 ETF 都以市場指數為追蹤目標，因此 ETF 的資金流經常被實務界用來預測市場未來走勢。那麼哪些因素影響了 ETF 資金的流入、流出？作為反應市場運行最重要的變量——市場流動性與 ETF 資產流之間是否存在內在聯繫，這種內在聯繫的表現形式是怎樣的？

與其他資產不同，ETF 同時有一級市場和二級市場，因此，ETF 具有兩個流動性即一級市場流動性和二級市場流動性。一級市場流動性是指 ETF 能夠快速申購和贖回的能力，通常與跟蹤指數成份股的流動性有關；二級市場流動性即通常所說的市場流動性是指迅速實現交易的難易程度和交易的成本。那麼這兩個流動性是否影響了 ETF 資金的流入、流出？另外，機構投資者是中國 ETF 市場的主要投資者，那麼市場流動性是機構投資者考慮持有 ETF 的主要因素嗎？不同的流動性來源（一級市場流動性、二級市場流動性）對不同類型投資者（機構投資者、個人投資者）的 ETF 需求的影響如何？

與實務界的應用相比，市場流動性與 ETF 資金流、ETF 投資者持有比例之間的關係還未引起學術界的足夠重視，有進一步研究的必要。基於此，本書以上證 50ETF 為研究對象，探討市場流動性與 ETF 資金流、投資者持有基金份額比例之間的關係。對上述問題的回答不僅有助於加深理論界對 ETF 資金流與股票市場內在聯動機制的理解，而且也為實務界利用 ETF 作為市場的價格發現功能預測市場收益提供了理論依據。

5.4.2 文獻綜述

目前，對開放式基金資金流的研究汗牛充棟，從研究內容上看，大致可以分為兩類。一是研究開放式基金資金流的影響因素。Sirri 和 Tufano（1998）、Berk 和 Green（2002）、Cooper 等（2005）、Frazzini 和 Lamout（2008）等國外學者發現，開放式基金的歷史業績會對基金資產流量產生正向影響，而基金投資者呈現正反饋效應或業績追逐特徵。但國內的一些學者認為，中國開放式基金的歷史業績會對其資產流量產生負向影響，即存在所謂的開放式基金「異常贖回」現象。陸蓉（2007）發現中國開放式基金的業績及資金流動的關係與成熟市場不同，呈現負相關關係且為凹形，面臨贖回壓力較大的是業績良好的基金而不是業績較差的基金。二是研究開放式基金資金流對資產收益的影響。Edelen（1998）、Keim（1999）、Lee 等（1991）認為資金流量引起的「價格壓力」會對資產收益產生影響。還有一些學者認為開放式基金投資者大多屬於非理性的噪聲交易者，他們比較容易受到市場情緒的影響，因此資金流量對市場收益的影響可能是因為投資者情緒變動而間接引起的，如 Brown 等（2005）、Frazzini 和 Lamont（2008）。

目前對 ETF 資金流的研究還比較少，大量對 ETF 的研究主要集中在定價方面，如價格發現功能（Hasbrouck，2003；肖倬和郭彥峰，2010；王良和馮濤，2010；陳瑩等，2014）、ETF 的定價效率（Charupat & Miu，2011）、ETF 上市對市場質量的影響（郭彥峰等，2007）、ETF 套利及期現套利（劉偉等，2009）等方面。

Amihud 和 Mendelson（1986）認為，在均衡狀態下，實行報價驅動交易制度的證券市場存在「客戶效應」（Clientele Effect），即投資者會主動挑選流動性小和交易成本大的資產於長期的投資組合中。由於受到收入衝擊（Lynch & Tan，2011）、外部流動性衝擊（Huang，2003），或者為了對沖不交易的風險頭寸（Lo et al.，2004），投資者可能特別容易被更有流動性的 ETF 所吸引。Ben 等（2014）發現 ETF 會將流動性衝擊傳染至標的成份股市場。楊墨竹（2013）對 A 股市場 ETF 總資金流與市場收益的關係進行了研究。實證結果表明，負反饋交易假說和套期保值假說能夠解釋市場收益對 ETF 總資金流的影響；而對於 ETF 總資金流對市場收益的影響，金融危機前主要由價格壓力假說間接解釋，金

融危機后則由投資者情緒假說所解釋，資本市場總資金量和 ETF 投資者結構的變動是導致上述差異產生的主要原因。Broman 和 Shum（2014）指出，高流動性的 ETF，特別是那些流動性比標的成份股的流動性還要好的 ETF，更容易吸引短期投資者。他們發現，流動性是周和月基金淨現金流流入的決定因素，但不是季度基金淨現金流流入的決定因素；他們還發現，投資者買賣 ETF 份額的行為與 ETF 流動性有關，與長期投資者相比，ETF 對短期投資者更為重要。Broman（2016）發現，風格相近的 ETF，聯動性會更強，特別是那些具有更高流動性需求特徵的 ETF 之間的超額聯動性會更強。

5.4.3 變量定義與數據說明

5.4.3.1 變量定義

（1）ETF 基金淨現金流流入（Flow of Funds）$Flow_t$。

借鑑國內學者陸蓉等（2007）和王擎等（2010）的研究方法，我們使用基金淨資產增長速度來度量基金的淨現金流流入。具體公式如下：

$$Flow_t = \frac{\sum_{d=1}^{N_t}(SHR_d - SHR_{d-1})NAV_d}{AUM_{t-1}} = \frac{\sum_{d=1}^{N_t}(AUM_d - AUM_{d-1}(1+r_d))}{AUM_{t-1}}$$

(5.18)

其中 SHR_d 為 50ETF 在 d 日的流通份額；NAV_d 為 50ETF 在 d 日的基金淨值；AUM_{t-1} 為期末（周或月、季）的基金資產淨值，等於期末基金份額與期末基金淨值的乘積，r_d 是每只 ETF 在期末的單位淨值收益率。$Flow_t$ 表示 50ETF 在 t 期期末的資產淨流入。當 $Flow_t$ 為正（負）時，表示基金淨流入（淨流出）。N_t 是基金每週或每月或每季或每半年的有效交易日天數。

（2）流動性指標 LIQ_t。

流動性是 ETF 市場發展的源動力所在。與其他證券不同，由於 ETF 獨特的申購贖回機制以及二級市場交易機制，因此 ETF 市場存在兩種流動性：一級市場流動性（Primary Market Liquidity）和二級市場流動性（Secondary Market Liquidity）。一級市場流動性是指一攬子股票快速申購或贖回的能力，一級市場流動性的好壞取決於標的成份股的流動

性，這是 ETF 市場隱含的流動性（Implied Liquidity）。二級市場流動性即通常所說的市場流動性（Market Liqudity），是指迅速實現交易的難易程度和交易的成本，根據交易是否已經發生，市場流動性可分為已實現市場流動性和潛在市場流動性。已實現市場流動性指標是在交易已經發生後偵測到的交易行為對資產價格的衝擊；潛在市場流動性指標是事前概念，用來評估交易對收益率可能產生的影響。

借鑑 Broman 和 Shum（2015）的方法，我們用 ETF 的申購贖回變化來衡量一級市場流動性；用 Amihud 非流動性指標、換手率來衡量 ETF 和個股的市場流動性。

① 一級市場流動性（申購贖回行為）。

$$CREATE_t = \frac{1}{N_t} \sum_{d=1}^{N_t} \frac{|SHR_d - SHR_{d-1}|}{SHR_{d-1}} \qquad (5.19)$$

$CREATE_t$ 衡量了 ETF 一級市場的流動性，$CREATE_t$ 的值越大，ETF 對投資者的吸引力越大，因為當標的資產流動性充足時，新的 ETF 份額可以滿足更多的需求，從而降低對二級市場的衝擊。

② ETF 與成份股的市場流動性。

Amihud（2002）用證券每日價格變動與交易量的比值作為流動性的代理變量。具體公式如下：

$$AMIHUD_t = \frac{1}{N_t} \sum_{d=1}^{N_t} \frac{|R_d|}{DVOL_d} \qquad (5.20)$$

其中，$|R_d|$ 是 50ETF 或 50 指數成份股每日收益率的絕對值；$DVOL_d$ 是 50ETF 或 50 指數成份股的每日成交金額（以億元計）。$AMIHUD_t$ 反應每單位成交金額所引起的價格變化，$AMIHUD_t$ 越大，反應該資產的流動性越差。

ETF 或個股的換手率定義如下：

$$TO_t = \ln(\frac{1}{N_t} \sum_{d=1}^{N_t} \frac{VOL_d}{SHR_d}) \qquad (5.21)$$

其中，VOL_d 是 ETF 或個股收盤價第 d 日的成交量。

③ ETF 與成份股的相對流動性。

我們首先按公式（5.20）或公式（5.21）計算每一只成份股的 Amihud 流動性指標或者換手率，再根據 ETF 一攬子證券的權重進行加權平均得到成份股市場總的流動性，分別記為 $SAMIHUD_{i,t}$ 或 STO_t。

我們將 ETF 的 Amihud 非流動性指標和換手率分別記為 ETF_AMIHUD 和 ETF_TO，定義 ETF 與成份股市場的相對流動性。具體公式如下：

$$REL(AMIHUD_t) = SAMIHUD_t/ETF\_AMIHUD_t \qquad (5.22)$$
$$REL(TO_{i,t}) = STO_t/ETF\_TO_t \qquad (5.23)$$

（3）機構持有 ETF 的比例。

（4）控制變量。

① ETF 基金折溢價率：$PRE_t = \ln(P_t) - \ln(NAV_t)$，其中 PRE_t、P_t、NAV_t 分別為 ETF 第 t 日的折溢價率、收盤價、淨值。

② ETF 收益率：$ETFR_t = \ln(P_t) - \ln(P_{t-1})$，即 ETF 第 t 日的對數收益率。

③ ETF 的淨資產規模 AUM，等於期末基金份額與期末基金淨值的乘積，我們對其進行自然對數運算，表示為 $LAUM$。

5.4.3.2 數據說明

本書的研究對象為上海證券交易所上市的上證 50ETF。上證 50ETF 是中國上市最早的一只 ETF，也是目前全市場成交最為活躍的一只 ETF。上證 50ETF 從 2005 年 2 月 23 日開始上市交易。考慮到數據的連續性和有效性，本書從 2006 年 1 月開始，樣本期限為 2006 年 1 月 1 日至 2016 年 9 月 30 日，共 2,613 個交易日。研究所使用的數據包括：50ETF 每日價格、淨值、成交金額、成交量、流通份額、ETF 申購贖回清單、ETF 機構持有比例、個人投資者持有比例；上證 50 指數樣本股的每日收盤價（后復權）、成交量、成交金額、流通股數。申購贖回清單來自華夏基金網站（http://www.chinaamc.com），其他數據來自 Wind 數據庫。為保證數據的有效性並消除異常樣本對研究結論的影響，本書利用 Winsorize 的方法對 1% 和 99% 的異常值進行截尾處理。

基本的描述性統計如表 5.17 所示。表 5.17 顯示：50ETF 的換手率高於成份股市場的換手率，Amihud 非流動性指標也高於成份股市場，說明與成份股市場相比，50ETF 的流動性更差一些。從折溢價來看，50ETF 在樣本期內總體來說都是折價狀態。從淨現金流入來看，50ETF 的淨現金流入波動較大，最大值和最小值差距很大。從收益來看，50ETF 在樣本期內平均實現正收益。

表 5.17　　　　　　　　各變量的描述性統計

		Flow	Creat	ETF_TO	STO	ETF_AMI	SAMI	ETFR	Pre	LAUM
周	Mean	0.000	0.010	4.829	0.859	0.333	0.006	0.002	−0.001	23.556
	Max	0.403	0.103	42.873	6.620	4.884	0.041	0.162	0.015	24.741
	Min	−0.310	0.000	0.619	0.074	0.015	0.000	−0.171	−0.021	21.888
	Std	0.049	0.011	4.056	1.044	0.580	0.005	0.041	0.003	0.580
	Obs	536	536	536	536	536	536	536	536	536
月	Mean	−0.002	0.010	4.807	0.860	0.337	0.006	0.007	−0.001	23.556
	Max	0.344	0.061	25.321	4.641	3.162	0.022	0.289	0.014	24.394
	Min	−0.571	0.002	1.116	0.100	0.032	0.001	−0.321	−0.021	21.906
	Std	0.114	0.009	3.662	1.016	0.532	0.005	0.097	0.004	0.573
	Obs	128	128	128	128	128	128	128	128	128
季	Mean	0.012	0.010	4.847	0.853	0.326	0.006	0.026	−0.078	23.591
	Max	0.468	0.052	19.481	4.051	2.466	0.020	0.464	0.002	24.392
	Min	−0.450	0.003	1.443	0.128	0.033	0.001	−0.370	−0.166	21.906
	Std	0.180	0.008	3.420	0.998	0.512	0.004	0.190	0.052	0.547
	Obs	42	42	42	42	42	42	42	42	42
半年	Mean	0.002	0.010	4.899	0.887	0.343	0.006	0.045	−0.078	23.590
	Max	0.773	0.033	15.342	3.958	2.123	0.016	0.558	0.002	24.392
	Min	−1.041	0.004	1.979	0.162	0.041	0.001	−0.620	−0.166	22.065
	Std	0.354	0.006	3.149	0.974	0.505	0.004	0.320	0.053	0.575
	Obs	21	21	21	21	21	21	21	21	21

5.4.4　實證分析

5.4.4.1　流動性與基金淨現金流流入

上證 50ETF 的一、二級市場流動性與基金淨現金流流入之間的關係是本書的研究主題。本書的迴歸方程如下：

$$Flow_t = \alpha_0 + \beta_1 LIQ_{t-1} + \beta_2 ETFR_{t-1} + \beta_3 PRE_{t-1} + \beta_4 LAUM_{t-1} + \varepsilon_t \tag{5.24}$$

其中，$LIQ_{i,\ t-1}$ 是前面定義的三個流動性指標，即 ETF 的申購贖回指標 Creat、ETF 和成份股各自的 Amihud 和換手率指標、ETF 和成份股的相對流動性指標。由於流動性指標都不是平穩變量，因此我們對其取對數運算后再進行迴歸分析。

表 5.18 給出了月度數據各流動性的迴歸結果。表 5.18 顯示：申購贖回變動的迴歸系數在 1% 顯著水平下顯著且系數為正，說明一級市場的申購贖回變動即一級市場流動性與基金的淨現金流流入正相關，一級市場流動性越好，基金淨現金流流入越大。ETF 二級市場和成份股市場的 Aimhud 非流動性指標以及 ETF 與成份股的相對 Amihud 非流動性迴歸系數都不顯著且迴歸系數為負。用換手率作為流動性指標的代理變量，系數仍然不顯著且迴歸系數為正。在所有的迴歸方程中，ETF 二級市場的收益率系數都顯著為負，說明 ETF 二級市場收益率與基金淨現金流流入負相關，ETF 表現越好，基金淨現金流流入就越少。

表 5.18　月度數據流動性與基金現金流流入的迴歸結果

	Creat	Amihud			Turnover	
C	0.113 (0.308)	0.100 (1.221)		0.018 (0.035)	0.414 (0.585)	0.074 (0.108)
ETF_Liq_{t-1}	0.040*** (2.631)	−0.024 (−1.020)			0.036 (1.424)	
S_Liq_{t-1}		−0.011 (−0.543)			−0.007 (−0.374)	
Rel_Liq_{t-1}				−0.001 (−0.070)		0.002 (0.140)
Pre_{t-1}	3.883* (1.771)	3.801 (1.640)		3.884* (1.665)	4.706** (2.057)	3.823* (1.693)
$ETFR_{t-1}$	−0.302*** (−3.231)	−0.355*** (−3.445)		−0.313*** (0.100)	−0.324*** (−3.252)	−0.311*** (−3.098)
$LAUM_{t-1}$	0.004 (0.240)	−0.046 (−1.288)		−0.000 (−0.010)	−0.020 (−0.617)	−0.003 (−0.099)
R^2	0.137	0.104		0.087	0.113	0.087

註：*、**、*** 分別表示在 10%、5%、1% 顯著水平下顯著，下同。

表 5.19 給出了各數據頻度市場流動性指標與基金淨現金流流入的迴歸結果。表 5.19 顯示：日度的流動性指標顯著；周、月的流動性指

標不顯著；季度、半年度的流動性指標部分顯著。說明市場流動性短期內會對基金淨現金流流入產生影響，中期基本沒有影響，長期有一些影響。

表 5.19　　　　　　　　各頻度數據迴歸對比

		C	ETF_Liq	S_Liq	ETFR	Pre	LAUM
日	Amihud	0.003 (0.625)	−0.003** (−2.568)	0.003*** (2.727)	−0.089*** (−4.572)	0.876*** (8.259)	0.000 (0.521)
	Turnover	0.000 (0.016)	0.007*** (4.044)	−0.002 (−1.453)	−0.096*** (−4.911)	0.875*** (8.370)	−0.000 (−0.670)
周	Amihud	−0.213 (−1.285)	0.001 (0.260)	0.006 (1.499)	−0.055 (−1.003)	0.589 (0.886)	0.011 (1.489)
	Turnover	0.189 (1.167)	0.011** (1.994)	−0.007 (−1.820)	−0.059 (−1.073)	0.478 (0.739)	−0.008 (−1.230)
月	Amihud	0.100 (1.221)	−0.024 (−1.020)	−0.011 (−0.543)	−0.302*** (−3.231)	3.801 (1.640)	−0.046 (−1.288)
	Turnover	0.414 (0.585)	0.036 (1.424)	−0.007 (−0.374)	−0.324*** (−3.252)	4.706** (2.057)	−0.020 (−0.617)
季	Amihud	−6.979** (−2.038)	0.169** (2.087)	−0.242*** (3.258)	−0.258 (−1.542)	−2.533*** (−2.958)	0.246 (1.690)
	Turnover	−5.384* (−1.755)	−0.112 (−1.132)	0.107 (1.677)	−0.153 (−0.881)	−0.816 (−0.962)	0.236* (0.088)
半年	Amihud	−13.712* (−2.095)	0.252 (1.604)	−0.304* (−1.790)	0.172 (0.771)	−4.938** (−2.877)	0.516* (1.774)
	Turnover	−16.393** (−2.796)	−0.377 (−1.634)	0.233* (0.177,8)	0.225 (1.036)	−3.259* (−1.783)	0.715** (2.753)

5.4.4.2　市場流動性與投資者基金持有比例之間的關係

接下來，我們分析市場流動性與投資者基金持有比例之間的關係，迴歸模型如下：

$$Investor\_own_t = \alpha_0 + \beta_1 LIQ_{t-1} + \beta_2 ETFR_{t-1} + \beta_3 PRE_{t-1} + \beta_4 LAUM_{t-1} + \varepsilon_t \quad (5.25)$$

其中，$Investor\_own_t$ 是投資者包括機構投資者和個人投資者持有ETF份額的比例。由於投資者持有ETF份額的比例只在半年報和年報裡披露，因此，我們使用了半年度的數據進行迴歸分析。機構和個人

投資者持有比例序列不平穩，我們取一階對數差分進行迴歸，結果見表 5.20。

表 5.20 顯示，機構投資者持有比例與 ETF 一級市場流動性 $Creat$ 的迴歸係數顯著且為負；機構投資者持有比例與其他流動性代理指標的迴歸係數都不顯著。個人投資者持有比例與一級市場流動性以及二級市場流動性的迴歸係數都不顯著。這說明，相比於個人投資者，一級市場流動性對機構投資者更為重要，而且一級市場流動性會影響機構投資者持有基金的比例，但 ETF 二級市場和成份股二級市場的流動性不會影響機構投資者持有比例。

表 5.20　　　　　　流動性與投資者持有比例迴歸結果

	機構			個人		
C	−0.425 (−1.443)	0.296 (1.378)	0.077 (0.414)	0.412 (0.879)	−0.583 (−1.803)	−0.097 (−0.339)
$Creat$	−0.109* (−1.780)			0.128 (1.315)		
Rel_Liq ($Amihud$)		−0.062 (−0.991)			0.117 (1.246)	
Rel_Liq ($Turnover$)			0.004 (0.074)			−0.030 (−0.359)
$ETFR$	−0.190** (−2.182)	−0.123 (−1.068)	−0.186 (−1.501)	0.325** (2.355)	0.198 (1.144)	0.285 (1.509)
Pre	0.980* (1.778)	0.781 (1.243)	0.952 (0.977)	−2.239** (−2.556)	−1.844* (−1.952)	−1.854 (−1.251)

5.4.5　本節小結

本書對 A 股市場 ETF 總資金流與 ETF 一、二級市場流動性的關係進行了研究，將國內已有研究由傳統型開放式基金擴展到 ETF 這種新型金融衍生產品。結果表明，ETF 的一級市場流動性與基金的淨現金流流入正相關，一級市場流動性越好，基金淨流入越大；ETF 二級市場收益率與基金淨現金流流入負相關，ETF 表現越好，基金淨現金流流入就越少。市場流動性短期內會對基金淨現金流流入產生影響，中期基本沒有影響，長期有一些影響。相比於個人投資者，一級市場流動性對機構

投資者更為重要,而且一級市場流動性會影響機構投資者持有基金的比例,但 ETF 二級市場和成份股二級市場的流動性不會影響機構投資者持有比例。

附錄 5.1 跟蹤同一指數的傳統指數基金與 ETF 列表

跟蹤同一指數的傳統指數基金與 ETF 列表(截至 2016 年 6 月)

跟蹤指數代碼	傳統指數基金		ETF	
	代碼	基金名稱	代碼	基金名稱
000001	470007	匯添富上證綜指	510210	富國上證綜指 ETF
000010	519180	萬家上證 180	510180	華安上證 180ETF
000016	001548	天弘上證 50A	510050	華夏上證 50ETF
	001549	天弘上證 50C	510680	萬家上證 50ETF
	502020	國金上證 50	510710	博時上證 50ETF
	502040	長盛上證 50		
	502048	易方達上證 50 分級		
000300	000613	國壽安保滬深 300	159919	嘉實滬深 300ETF
	000656	前海開源滬深 300	159925	南方開元滬深 300ETF
	000961	天弘滬深 300	159927	鵬華滬深 300ETF
	020011	國泰滬深 300	510300	華泰柏瑞滬深 300ETF
	160417	華安滬深 300	510310	易方達滬深 300ETF
	160615	鵬華滬深 300	510330	華夏滬深 300ETF
	160807	長盛滬深 300	510360	廣發滬深 300ETF
	161207	國投瑞銀瑞和 300		
	161811	銀華滬深 300 分級		
	165309	建信滬深 300		
	165515	信誠滬深 300 分級		

表(續)

跟蹤指數代碼	傳統指數基金		ETF	
	代碼	基金名稱	代碼	基金名稱
	166802	浙商滬深 300		
	167601	國金滬深 300		
	481009	工銀瑞信滬深 300		
	519300	大成滬深 300		
	660008	農銀匯理滬深 300		
000905	000962	天弘中證 500	159922	嘉實中證 500ETF
	160616	鵬華中證 500	159935	景順長城中證 500ETF
	162216	泰達宏利中證 500	510500	南方中證 500ETF
	164809	工銀瑞信中證 500	510510	廣發中證 500ETF
	165511	信誠中證 500 分級	510520	諾安中證 500ETF
	660011	農銀匯理中證 500	510560	國壽安保中證 500ETF
			510580	易方達中證 500ETF
			512500	華夏中證 500ETF
			512510	華泰柏瑞中證 500ETF
000984	163821	中銀滬深 300 等權重	159924	景順長城 300 等權 ETF
399001	161612	融通深證成指	159903	南方深成 ETF
	163109	申萬菱信深證成指分級	159943	大成深證成份 ETF
399005	161118	易方達中小板指數	159902	華夏中小板 ETF
	163111	申萬菱信中小板		
399006	001592	天弘創業板 A	159915	易方達創業板 ETF
	001593	天弘創業板 C	159948	南方創業板 ETF
	160637	鵬華創業板		
	161022	富國創業板指數分級		
399007	160415	華安深證 300	159912	匯添富深證 300ETF
	165707	諾德深證 300 分級		

表(續)

跟蹤指數代碼	傳統指數基金		ETF	
	代碼	基金名稱	代碼	基金名稱
399008	162010	長城久兆中小板 300	159907	廣發中小板 300ETF
399330	161227	國投瑞銀深證 100	159901	易方達深證 100ETF
	161812	銀華深證 100		
	162714	廣發深證 100 分級		
	164811	工銀瑞信深證 100		
	217016	招商深證 100		
399610	160224	國泰深證 TMT50	159909	招商深證 TMT50ETF

數據來源：Wind 數據庫 http://www.wind.com.cn/，經作者整理而得.

6 中國 ETF 對標的市場的影響分析

6.1 ETF 對成份股市場的波動溢出效應分析

6.1.1 引言

ETF 使直接買賣指數成為現實,本身又兼具交易費用低廉、投資透明、交易便捷等優勢,近年來成為全球金融市場上備受矚目的創新型投資工具,發展極其迅猛。2001 年年底,全球僅有 90 只 ETF,到 2014 年,這一數字躍升至 6,300 多只,規模高達 2.5 萬億美元。

不同於開放式基金,ETF 以一攬子股票進行申購贖回,當 ETF 的一級市場淨值和二級市場價格出現偏差時,套利者可以利用這種獨特的申購贖回機制進行套利。這種套利行為使得 ETF 與標的成份股之間存在極大的關聯,非基本面的衝擊會通過 ETF 的套利行為傳遞到標的成份股市場(Ben et al., 2014)。隨著 ETF 市場的快速發展及其在資本市場所扮演的角色越來越重要,監管者和市場參與者開始關注 ETF 套利交易與標的成份股波動之間的關係。2010 年美國股市的「閃電崩盤」事件更是令美國證券委員會(SEC)開始審視 ETF 及程序化套利交易對現貨市場穩定性的影響。

中國證券市場於 2004 年 12 月推出第一只 ETF 產品,即上證 50ETF。從 2010 年開始,中國 ETF 市場發展迅速。截至 2015 年 12 月,滬深兩市共有 113 只 ETF,規模達 1,931 億元,追蹤的標的指數涵蓋全市場股票指數、行業股票指數、債券指數、商品指數、境外股票指數

等。ETF 已成為中國資本市場重要的組成部分，是中國投資者進行指數化投資的主要金融工具之一。那麼，ETF 市場交易行為是否影響了標的成份股市場的穩定性，影響程度如何？如果存在影響，那麼受到哪些因素的作用？這些都是監管部門以及市場投資者所關心的問題。基於此，本書以四只最具代表性的寬基 ETF：上證 50ETF、華泰柏瑞滬深 300ETF、華夏中小板 ETF、易方達創業板 ETF，以及這四只 ETF 的十大權重股為研究對象，對 ETF 交易對標的成份股市場的波動溢出效應進行測度，並分析造成波動溢出的影響因素。本書的研究可為指數化投資對標的市場的影響提供新的證據，為監管部門提供決策參考。

6.1.2 文獻綜述

作為一種新型金融創新產品，ETF 雖然形式上並不是真正的金融衍生品，但仍然具有金融衍生品的特性。因此，目前學界對 ETF 的研究主要集中於 ETF 的類衍生品特性，如價格發現功能（Hasbrouck, 2003；肖倬和郭彥峰，2010；王良和馮濤，2010；陳瑩等，2014）、ETF 的定價效率（Charupat & Miu, 2011）、ETF 上市對市場質量的影響（郭彥峰等，2007）、ETF 套利及期現套利（劉偉等，2009）等方面。

然而，這些研究只注重於 ETF 的基本屬性，極少有學者對 ETF 與成份股之間的風險關聯性進行分析。2010 年 5 月美國股市發生「閃電崩盤」事件後，越來越多的學者開始關注 ETF 交易是否加劇了標的成份股的波動這一課題。Cheng 等（2009）和 Trainor（2010）探討了槓桿和反向型 ETF 的日度調整是否增加了股票市場的波動，但二者結論不盡相同。Ben 等（2014）和 Krause 等（2014）認為，ETF 和一攬子股票的套利行為將 ETF 市場的流動性衝擊傳遞到現貨市場，從而使 ETF 交易增加了標的指數成份股的非基本面波動；更進一步地，Ben 等（2014）指出這種使成份股波動率增加的行為並不伴隨著 ETF 價格發現能力的提高，表明 ETF 交易增加了一攬子股票的噪聲。Da 和 Shive（2013）發現，ETF 的套利行為將 ETF 市場的非基本面衝擊傳遞到股票市場，從而造成了 ETF 所持有的一攬子股票收益率的聯動。Israeli 等（2015）針對美國 ETF 市場的研究發現，ETF 持股比例的增加導致成份股的買賣價差增大、定價效率降低以及聯動性增強。王婧（2006）探討了 50ETF 對上證 50 指數成份股的波動影響情況。實證結果表明，

ETF 的設立顯著提高了上證 50 成份股的波動性。張立和曾五一（2013）發現股票市場與 ETF 市場之間存在顯著的雙向波動溢出效應。

以上文獻證實了 ETF 對成份股市場的波動溢出，但以往研究並沒有測度波動溢出的程度，也沒有刻畫波動溢出的傳導路徑。基於此，本書擬採用 Diebold 和 Yilmaz（2012）所提出的溢出指數方法，來考察 ETF 與成份股之間的波動溢出效應。與常用的向量自迴歸模型 VAR 模型、Granger 因果檢驗、多元 GARCH 模型以及 DCC-GARCH 模型相比，溢出指數方法構建在 VAR 模型方差分解之上，能夠有效地測度信息溢出的強度和規模。更為重要的是，溢出指數方法能夠進行方向性溢出效應的測度，從而使我們能夠識別 ETF 與成份股波動傳導的路徑。在研究對象上，以往的研究多局限於股指期貨及其標的指數之間的風險溢出，然而，ETF 與股指期貨存在諸多區別，如同時兼具一二級市場、一攬子證券申購贖回機制等，這些特性使得 ETF 對現貨市場的影響有別於股指期貨。那麼，中國 ETF 市場與成份股波動關係如何？二者的傳導路徑是怎樣的？哪些因素造成了 ETF 與成份股的波動溢出？本書基於 Diebold 和 Yilmaz（2012）所提出的溢出指數方法，對這些問題進行了回答。本書的特色在於設計了一個動態分析框架，從多維信息溢出的視角來探討 ETF 與指數成份股的聯動關係，計算了 ETF 與成份股的雙邊溢出指數，並結合 ETF 的交易特點，對波動溢出的可能傳導渠道進行了分析。

6.1.3 模型設計與數據說明

6.1.3.1 模型設計

本書選取 ETF 及其十大重倉股的日波動率作為研究對象，模型借鑑 Diebold 和 Yilmaz（2012）提出的溢出指數法（Spillover Index）。首先對每只 ETF 及其十大重倉股的波動率構建 N（$N=11$）變量的 VAR 模型，然后通過對預測誤差的方差分解來構建波動率溢出指數。具體模型如下：

首先建立一個具有平穩協方差的滯后 p 期的 N 變量 VAR 模型：

$$x_t = \sum_{i=1}^{p} \varphi_i x_{t-i} + \varepsilon_t \qquad (6.1)$$

其中，$x_t = (x_{1,t}, x_{2,t}, \cdots, x_{11,t})'$，分別表示 ETF 及其十大重倉股的波動率，$\varphi_i$ 是 $N \times N$ 維的系數矩陣，誤差向量 ε_t 獨立同分佈且均值為零，協方差矩陣為 Σ。關於 ETF 及其十大重倉股的日波動率的計算，我們借鑑 Parkinson（1980）、Alizadeh 等（2002）、Chan 和 Lien（2003）的波動率測度方法，定義 ETF 及其成份股的波動率為 $x_{it} = \sqrt{0.361}(\ln P_{it}^H - \ln P_{it}^L)$，其中 P_{it}^H、P_{it}^L 分別是 ETF（成份股）的日最高價和日最低價。

假設式（6.1）具有平穩的協方差，則式（6.2）可寫成移動平均模型：

$$x_t = \sum_{i=0}^{\infty} A_i \varepsilon_{t-i} \tag{6.2}$$

式（6.2）中的系數矩陣 A_i 滿足遞歸形式 $A_i = \varphi_1 A_{i-1} + \varphi_2 A_{i-2} + \cdots + \varphi_p A_{i-p}$；$A_0$ 為 $N \times N$ 維的單位矩陣，且當 $i < 0$ 時，$A_i = 0$。

接著利用系數矩陣 A_i 對協方差矩陣 Σ 進行方差分解，從而可以將每一變量預測誤差的方差分解為來自於系統內各變量的衝擊。本書使用 Koop 等（1996）、Pesaran 和 Shin（1998）提出的 KPPS 方差分解方法以避免 Cholesky 方差分解對變量順序的依賴性。將變量 x_j 對變量 $x_i(i \neq j)$ 的溢出效應定義為 x_i 的 H 步預測誤差的方差受到來自 x_j 部分的衝擊，用公式表示如下：

$$\theta_{ij}(H) = \frac{\sigma_{jj}^{-1} \sum_{h=0}^{H-1} (e'_i A_h \Sigma e_j)^2}{\sum_{h=0}^{H-1} (e'_i A_h \Sigma A'_h e_i)} \tag{6.3}$$

其中，σ_{jj} 為第 j 個變量預測誤差的標準差，e_i 為 N 維的單位向量，其中第 i 個元素為 1，其餘元素為 0，$\theta_{ij}(H)$ 為變量 x_j 對變量 x_i 的溢出效應。由於 KPPS 的方差分解方法並沒有對誤差項的新息進行正交，因此 $\sum_{j=1}^{N} \theta_{ij}(H)$ 可能不等於 1，故先對 $\theta_{ij}(H)$ 進行標準化：

$$\tilde{\theta}_{ij}(H) = \frac{\theta_{ij}(H)}{\sum_{j=1}^{N} \theta_{ij}(H)} \tag{6.4}$$

從而可得：$\sum_{j=1}^{N} \tilde{\theta}_{ij}(H) = 1$ 和 $\sum_{i,j=1}^{N} \tilde{\theta}_{ij}(H) = N$。Diebold 和 Yilmaz（2012）利用上述方差分解方法構造 N 個變量之間的總溢出指數和定向溢出指數。具體定義如下：

①總溢出指數。通過式（6.4）我們得到總溢出指數：

$$S(H) = \frac{\sum_{i,j=1, i\neq j}^{N} \tilde{\theta}_{ij}(H)}{\sum_{i,j=1}^{N} \tilde{\theta}_{ij}(H)} \times 100 = \frac{\sum_{i,j=1, i\neq j}^{N} \tilde{\theta}_{ij}(H)}{N} \times 100 \qquad (6.5)$$

總溢出指數衡量了每只 ETF 與十大權重股之間波動率的總溢出程度，可以作為衡量 ETF 與權重股波動率聯動的量化指標。

②定向溢出指數。式（6.5）的總溢出指數可以使我們從總體上把握各變量之間波動率的溢出程度，更進一步地，基於上述方差分解方法得到的標準化 $\tilde{\theta}_{ij}(H)$，還可以使我們探究各變量之間的定向溢出效應。其中，變量 j 對變量 i 的定向溢出指數可定義為：

$$S_{ij}(H) = \frac{\tilde{\theta}_{ij}(H)}{\sum_{i,j=1}^{N} \tilde{\theta}_{ij}(H)} \times 100 = \frac{\tilde{\theta}_{ij}(H)}{N} \times 100 \qquad (6.6)$$

所有其他變量對變量 i 的定向溢出指數定義為：

$$S_{i\cdot}(H) = \frac{\sum_{j=1, j\neq i}^{N} \tilde{\theta}_{ij}(H)}{\sum_{i,j=1}^{N} \tilde{\theta}_{ij}(H)} \times 100 = \frac{\sum_{j=1, j\neq i}^{N} \tilde{\theta}_{ij}(H)}{N} \times 100 \qquad (6.7)$$

i 變量對所有其他變量的定向溢出指數定義為：

$$S_{\cdot i}(H) = \frac{\sum_{j=1, i\neq j}^{N} \tilde{\theta}_{ji}(H)}{\sum_{i,j=1}^{N} \tilde{\theta}_{ji}(H)} \times 100 = \frac{\sum_{j=1, i\neq j}^{N} \tilde{\theta}_{ji}(H)}{N} \times 100 \qquad (6.8)$$

將變量 i 對變量 j 的淨溢出效應定義為從變量 i 到變量 j 的溢出效應與從變量 j 到變量 i 的溢出效應之差：

$$NS_{ij}(H) = S_{ji}(H) - S_{ij}(H) \qquad (6.9)$$

6.1.3.2　樣本數據與描述性統計

本書選取日均成交量最大、交易最為活躍的四只寬基 ETF 為研究

對象，分別是華夏上證 50ETF、華泰柏瑞滬深 300ETF、易方達創業板 ETF 和華夏中小板 ETF。研究使用的數據包括：ETF 的日最高價、日最低價、日收盤價、日成交額、日流通份額、日基金淨值；以及每只 ETF 的十大權重股的日最高價、日最低價、日收盤價、日成交金額。所有數據均來自 Wind 數據庫。由於四只 ETF 的上市時間不一致，考慮到數據的連續性和有效性，本書從 2012 年 6 月開始研究，樣本期限為 2012 年 6 月 1 日至 2015 年 12 月 31 日，共計 873 個樣本日[①]。

表 6.1 列出了樣本期內四只 ETF 的日均成交額，從表中可以看，在樣本期內四只 ETF 成交額均突飛猛進，其中易方達創業板 ETF 增長最為迅猛，複合增長率為 96.49%，中小板 ETF 的增長最為緩慢，複合增長率為 -7.73%。另外，上證 50ETF 和滬深 300ETF 的日均成交額遠高於中小板 ETF 和創業板 ETF。

表 6.1　　　　樣本期內四只 ETF 年度日均成交額　　　單位：百萬元

年份	上證 50ETF	滬深 300ETF	中小板 ETF	創業板 ETF
2012	382.251	668.995	53.999	34.851
2013	761.371	955.650	116.982	127.389
2014	898.958	1,564.201	124.173	221.786
2015	3,626.201	3,426.195	561.635	1,082.866
平均	1,537.288,2	1,769.002	232.746	405.456
複合增長率	32.95%	0.56%	-7.73%	96.49%

表 6.2 是波動率序列的描述性統計。表 6.2 顯示：在樣本期內，四只 ETF 的波動率均遠低於其成份股的波動率，這與指數化投資可以分散非系統性風險的事實相符合。四只 ETF 中，上證 50ETF 和滬深 300ETF 的波動率最低，之後是中小板 ETF，創業板 ETF 的波動率最高，波動區間也最大。這與四只 ETF 的特性相符合。另外，四只 ETF 及成份股的波動率峰度都顯著大於 3。

---

① 上證 50ETF 上市時間最早，於 2005 年 2 月 23 日上市交易，易方達創業板 ETF 上市時間最晚，於 2011 年 12 月 9 日上市交易。

表 6.2　　　　　　　　　波動率序列的描述性統計

		均值	中位數	最大值	最小值	標準差	偏度	峰度
上證50ETF	ETF	0.013	0.010	0.086	0.003	0.010	2.608	12.329
	成份股	0.032	0.025	0.163	0.004	0.023	2.062	8.104
滬深300ETF	ETF	0.013	0.010	0.081	0.002	0.010	2.772	13.411
	成份股	0.187	0.157	0.895	0.056	0.102	2.099	9.242
中小板ETF	ETF	0.015	0.011	0.101	0.004	0.011	3.094	15.863
	成份股	0.246	0.227	0.962	0.113	0.094	2.554	14.631
創業板ETF	ETF	0.019	0.015	0.118	0.005	0.013	2.873	15.741
	成份股	0.280	0.259	1.250	-0.063	0.125	2.275	13.427

註：成份股的描述性統計按市值加權加總后計算。

由於本書的波動溢出指數是構建在 VAR 模型之上的，因此，本書對每只 ETF 及其成份股的波動率進行平穩性檢驗。ADF 平穩性檢驗結果表明，所有的波動率序列都是平穩的，受篇幅限制，本書不再報告 ADF 平穩性檢驗結果。

6.1.4　實證結果分析

對四只 ETF 及其成份股分別建立 VAR 模型，再利用上文的公式 (6.5) 至 (6.9) 計算各類溢出指數。VAR 模型的滯后階數根據 AIC 準則（赤池信息準則）和 SC 準則（施瓦茨準則）進行選擇，四個模型均為滯后 2 階。為了得到時變的溢出指數，本書採用滾動窗口方法進行計算，滾動窗口為 200 天，預測步長為 10 期即 $H=10$。在穩健性檢驗中，本書改變滾動天數和預測天數，結果基本類似，由於篇幅關係，本書並未一一羅列，以下僅列出 200 天滾動迴歸以及 10 期預測的結果。

（1）溢出效應分析

圖 6.1 是 4 只 ETF 與成份股的總體溢出程度圖。從圖中可以看出，四只 ETF 的波動溢出強度由弱及強依次為：上證 50ETF、滬深 300ETF、創業板 ETF、中小板 ETF，這與表 6.1 中四只 ETF 的日均成交額排序相一致。上證 50ETF 的溢出指數變化較為平緩，其他三只 ETF 的溢出指數變化相對激烈。四只 ETF 的溢出指數（上證 50ETF 較不明顯）在

2014年3月以前都呈緩慢下降趨勢，2014年以后，伴隨著牛市的到來，溢出指數開始在波動中緩慢上行；2015年下半年，中國股票市場劇烈波動，四只ETF的溢出指數出現急遽上升，其中，中小板ETF與創業板ETF最為明顯。

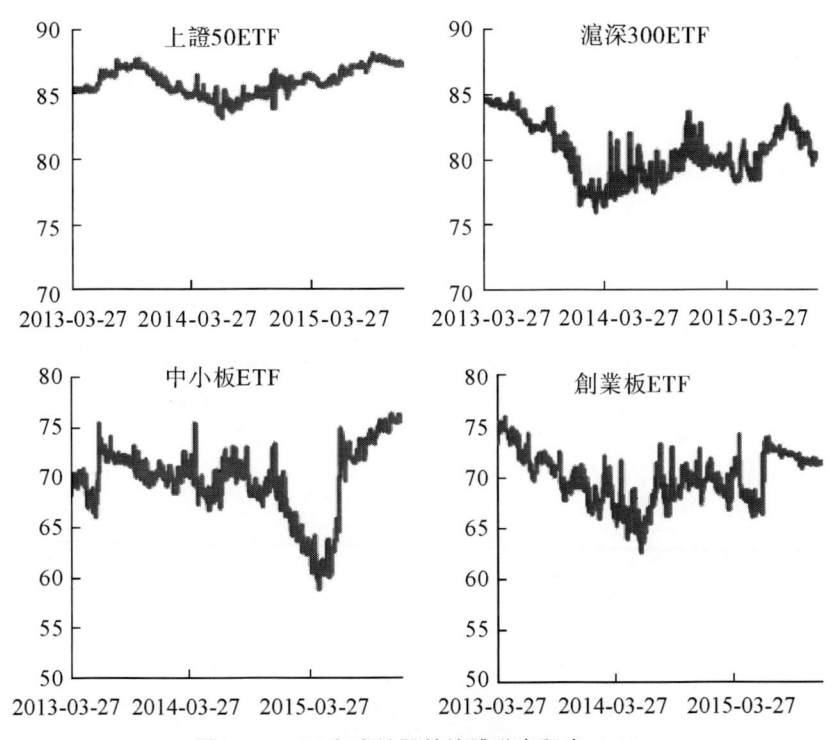

圖6.1 ETF與成份股的總體溢出程度（%）

圖6.2描述了ETF與成份股的雙向溢出指數。從圖中可以看出，ETF對成份股具有明顯的波動溢出效應，每只ETF對成份股的平均波動溢出值都大於50%。但是，圖6.2表明，成份股對ETF的溢出效應高於ETF對成份股的溢出效應，而且ETF對成份股的溢出指數波動具有明顯的波動特徵，但成份股對ETF的溢出指數比較穩定，其值固定在0.9左右。圖6.2說明了ETF與成份股的雙向波動主要以成份股向ETF波動溢出為主。

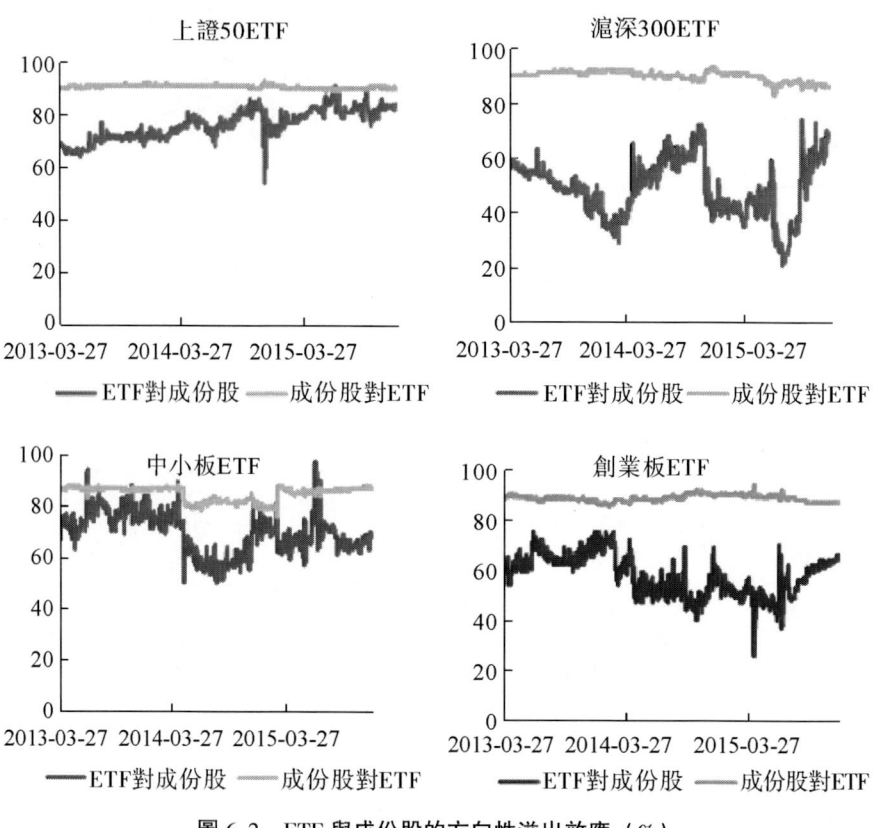

图 6.2 ETF 與成份股的方向性溢出效應（%）

以總體溢出指數進行分析較為粗糙，下面我們將每只 ETF 及其十只成份股構成一個系統，對 ETF 與每只成份股的溢出程度進行分析。表 6.3 列出了四只 ETF 與十大成份股的雙向波動溢出程度，第一個數值是 ETF 對成份股的溢出程度，方括號裡面的數據值是成份股對 ETF 的溢出程度，后兩列分別刻畫了 ETF 對成份股以及成份股對 ETF 的溢出總程度（去除自身的影響）。表 6.3 顯示：成份股對 ETF 的溢出程度均明顯高於 ETF 對成份股的溢出程度，這與圖 6.2 的結果一致。而且，ETF 受自身影響最大，ETF 對每只成份股的影響差異性並不大；從成份股對 ETF 的溢出程度來看，只有部分成份股對 ETF 的溢出程度稍高一些，其他成份股對 ETF 的溢出程度的差異性並不大，這可能與這四只 ETF 均是指數類 ETF 以及十大成份股占全部成份股的比重過低有關。總

之，表6.3再次說明了ETF與股票市場的雙向波動溢出效應，主要是股票市場向ETF進行波動溢出。

表6.3　　　　　　　ETF與成份股波動溢出程度　　　　　　單位：%

	ETF	STK1	STK2	STK3	STK4	STK5	STK6	STK7	STK8	STK9	STK10	ETF對外溢出	ETF受外部影響
50ETF	9.3 [9.3]	7.7 [10.5]	7.6 [11.7]	7.8 [9.8]	8.0 [9.1]	6.9 [5.1]	7.5 [10.1]	7.7 [10.9]	7.6 [6.5]	7.9 [9.5]	7.6 [8.2]	76.3	[90.7]
300ETF	10.2 [10.2]	3.8 [19.5]	4.8 [8.5]	4.5 [8.3]	5.7 [9.3]	5.2 [6.8]	4.7 [5.9]	5.3 [9.0]	4.7 [8.1]	5.4 [8.2]	4.8 [6.3]	49.0	[89.8]
中小板ETF	15.1 [15.1]	5.6 [10.0]	3.9 [3.1]	5.8 [10.2]	5.6 [9.2]	5.3 [9.5]	6.0 [9.6]	5.8 [7.6]	5.1 [7.3]	5.9 [9.3]	5.3 [9.0]	69.4	[84.9]
創業板ETF	11.4 [11.4]	5.1 [7.6]	6.8 [9.9]	6.8 [10.9]	4.3 [5.7]	5.4 [7.7]	4.4 [10.2]	6.7 [8.6]	5.7 [10.1]	6.5 [10.0]	6.0 [8.0]	57.7	[88.6]

（2）波動溢出影響因素

接下來，本書探究這種波動溢出的影響因素，也就是說ETF與標的成份股之間是通過哪些變量進行波動傳導的。根據已有文獻，本書選取的變量有：

① ETF與成份股的雙向波動溢出指數 $Volspill_t$：根據前一部分公式（6.7）和（6.8）計算的基於200天滾動窗口樣本期的某只ETF與成份股在 t 日的雙向波動溢出指數。

② ETF基金折溢價率 Pre_t：$Pre_t = (P_t - Nav_t)/Nav_t$，其中 P_t、Nav_t 分別為ETF的每日收盤價和每日淨值。

③ ETF基金流通市值 $MktCap_t$：$MktCap_t = P_t \times Mkt_t$，其中 Mkt_t 為ETF的每日流通份額（以十億份計）。

④ ETF基金淨現金流流入（Flow of Funds）$Flow_t$：本書使用基金淨資產增長速度度量基金的淨現金流流入，並按照基金期間實際回報率 r_t 對基金規模進行調整。具體公式為：$Flow_t = \dfrac{TNA_t - TNA_{t-1}(1 + r_t)}{TNA_{t-1}(1 + r_t)}$，其中 TNA_t 為每只ETF在 t 期期末的淨值總額，等於期末基金份額與期末基金淨值的乘積，r_t 是每只ETF在 t 期的單位淨值收益率。

⑤ ETF與成份股的非流動性差異性指標 ETF_SIlliq_t：根據Amihud（2002）定義的非流動性指標公式測量流動性，$Illiq_t = |R_{i,t}|/Vol_{i,t}$，

其中 $|R_{i,t}|$ 為資產 i 的每日收益率的絕對值；$Vol_{i,t}$ 為資產的每日成交金額（以十億元計）。$Illiq_t$ 反應每單位成交金額所引起的價格變化，$Illiq_t$ 越大，反應該資產的流動性越差。本書對 ETF 的非流動性用 $ETFIlliq_t$ 來衡量，對成份股的流動性用各成份股的非流動性加權平均來衡量，記為 $SIlliq_t$。定義 $ETF\_SIlliq_t = SIlliq_t/ETFIlliq_t$ 來反應兩個市場流動性的差異性。

考慮到波動衝擊的慣性，加入被解釋變量的滯后項作為解釋變量，迴歸方程如下：

$$Volspill_t = \alpha + \sum_{i=1}^{p} Volspill_{t-i} + \gamma_1 Pre_t + \gamma_2 MktCap_t + \gamma_3 Flow_t + \gamma_4 ETF\_SIlliq_t + \varepsilon_t \qquad (6.10)$$

模型的迴歸結果表明：不管是 ETF 對成份股的波動溢出還是成份股對 ETF 的波動溢出，一階和二階滯后項的迴歸系數都比較大，且顯著為正，說明波動溢出在時間上具有正向的持續性。ETF 對成份股的波動溢出方面，市值、基金的淨現金流入、ETF 與成份股的流動性差異對 ETF 對成份股的溢出有影響；而在成份股對 ETF 的波動溢出迴歸方程中，折溢價率因子對波動溢出有影響，其他的因子都不顯著。

表 6.4　　　　　　　　　溢出影響因素迴歸估計結果

	ETF 對成份股的溢出				成份股對 ETF 的溢出			
	上證 50 ETF	滬深 300 ETF	中小板 ETF	創業板 ETF	上證 50 ETF	滬深 300 ETF	中小板 ETF	創業板 ETF
c	0.051*** (4.820)	0.036*** (3.883)	0.114*** (5.091)	0.036*** (3.884)	0.049*** (4.089)	0.025** (2.514)	0.043*** (4.202)	0.025** (2.512)
$VolSpill_{t-1}$	0.771*** (20.035)	0.699*** (18.640)	0.719*** (18.785)	0.698*** (18.640)	0.834*** (21.629)	0.757*** (19.949)	0.835*** (21.702)	0.757*** (19.950)
$VolSpill_{t-2}$	0.128*** (3.306)	0.245*** (6.576)	0.135*** (3.424)	0.245*** (6.576)	0.112*** (2.922)	0.216*** (5.690)	0.114*** (2.993)	0.216*** (5.690)
Pre	0.119*** (2.582)	0.158 (1.399)	−0.367 (−1.532)	0.157 (1.399)	0.000 (0.105)	−0.022* (−1.756)	−0.076** (−2.145)	−0.024* (−1.756)
$MktCap$	0.002 (1.374)	−0.007*** (−2.951)	0.047 (1.329)	−0.007*** (−2.951)	−0.000** (−2.245)	0.000 (0.027)	0.014** (2.318)	0.000 (0.028)
$Flow$	−0.049** (−2.120)	−0.059** (−2.511)	0.073 (1.635)	−0.059** (−2.511)	0.002 (1.079)	−0.001 (−0.416)	−0.000 (0.134)	−0.001 (−0.416)

表6.4(續)

	ETF 對成份股的溢出				成份股對 ETF 的溢出			
	上證 50 ETF	滬深 300 ETF	中小板 ETF	創業板 ETF	上證 50 ETF	滬深 300 ETF	中小板 ETF	創業板 ETF
ETF_SIlliq	0.000 (0.027)	0.000** (0.323)	−0.001*** (−3.544)	0.000 (0.324)	−0.000 (−0.000)	−0.000 (−0.113)	0.000 (0.963)	−0.000 (−0.112)
$Adj\ R^2$	0.900	0.893	0.726	0.893	0.932	0.951	0.935	0.951

註：括號裡的數值是對應迴歸係數的 t 統計量值，***、**、* 分別表示係數在1%、5%、10%置信水平下顯著.

6.1.5 本節小結

本節分析了 ETF 與成份股的波動溢出效應，探討了指數化交易及套利行為對標的市場的影響。主要結論為：上證 50ETF 的溢出指數變化較為平緩，其他三只 ETF 的溢出指數變化相對激烈。2015 年下半年，中國股票市場劇烈波動，四只 ETF 的溢出指數出現急遽上升，其中，中小板 ETF 與創業板 ETF 最為明顯。ETF 對成份股存在明顯的波動溢出效應，但從傳導路徑來看，成份股對 ETF 的溢出效應要高於 ETF 對成份股的溢出效應。而且，ETF 對成份股的溢出指數波動具有明顯的波動特徵，但成份股對 ETF 的溢出指數比較穩定。我們發現，波動溢出效應在時間上具有較強的持續性，市值、ETF 與成份股的流動性差異是造成 ETF 向成份股波動溢出的原因，而折溢價率是造成成份股向 ETF 波動傳導的原因。

研究結論表明，存在 ETF 對成份股的波動溢出效應，這說明一攬子交易會對股票市場產生正向的衝擊，這為股票市場投資風險管理提出新的挑戰。因此，應進一步完善資本市場基礎交易制度和交易規則，建立程序化交易的功能監管體系。另外，本書的研究也發現成份股對 ETF 的波動溢出要強於 ETF 對成份股的波動溢出，這與 ETF 市場整體活躍性較股票市場低有很大關係。因此，應該加強 ETF 的投資者教育，提高投資者對 ETF 的認識，使投資者更多地參與 ETF 交易，從而提高 ETF 市場整體的活躍度。

6.2 ETF 交易對標的成份股相關性的影響分析

6.2.1 引言

指數化投資是通過持有基準指數所包含的全部或部分證券來複製指數,從而獲得某一特定市場基準收益率的投資策略。1976 年美國先鋒集團(Vanguard Group)發行的先鋒 500 指數基金(Vanguard 500 Index Fund)是全球最早的指數化共同基金,也是全世界最大的單個基金。此后,全球指數基金開始迅猛發展,各類指數化產品層出不窮。經過半個多世紀的發展,目前全球指數化產品資產管理規模約為 63.9 萬億美元,其中主動管理類占 79%,被動管理類占 10% 左右,規模為 7.3 萬億美元。

指數化投資的精髓在於分散化投資能夠降低投資組合的非系統性風險。Sharpe(1966)、Jensen(1968)以及最近的 Malkiel(2003)都指出,主動式投資並不能跑贏指數,即與被動式投資相比,主動式投資並不能獲得更高的超額收益。巴菲特在歷年股東大會及致股東的信中,曾多次推薦普通投資者購買指數基金。在 2013 年的股東信中,巴菲特再次提及指數基金,聲稱「如果要立遺囑,……我對託管人的建議再簡單不過了:把 10% 的現金用來買短期政府債券,把 90% 的資金用於購買非常低成本的標普 500 指數基金……」

指數化投資並不進行選股,而是以複製指數構成股票組合作為資產配置方式。因此,指數化投資工具的交易勢必對標的指數的所有或部分成份股產生影響。在牛市(熊市),當投資者通過買入(賣出)股票指數基金來提高(降低)股票資產的配置,這樣做,相當於投資者同時買入(賣出)標的指數的所有股票,進一步造成股票市場的上漲(下跌)。也就是,指數化投資在某種程度上可能會造成市場的同漲同跌,造成個股交易聯動性的增強,以及個股價格相關性的上升,從而不利於分散化投資。Wurgler(2011)就指出,過度指數化會導致風險傳染和錯誤定價。Bolla 等(2016)研究美國、歐洲以及新興市場的 ETF 規模

與市場風險指標的關係。經驗分析表明，ETF規模增長是成交量、收益率和流動性聯動性增強的主要驅動因素。這意味著指數化投資現在並不能降低風險，反而加大了市場系統性風險的聯動性。

受全球指數化投資熱潮的影響，近十幾年來，中國指數化投資實現了跨越式發展。2002年，華安180指數基金和天同180指數基金相繼發行；2005年中國第一只ETF上證50ETF在上交所掛牌，中國內地指數化投資邁出了發展的第一步。到2009年，指數產品進入了快速發展期，年度發行數量連創新高，產品類別愈加豐富。表6.5是中國各類指數基金資產規模及占比統計表。表6.5顯示：截至2016年6月30日，中國內地市場的指數型產品已經達到408只（被動指數型基金363只，增強指數型基金45只），資產規模達到了4,387億元，約占共同基金的6%。2014年下半年分級基金異軍突起，發展迅猛，資產規模遠超其他各類指數基金（見圖6.3）。發展時間較短的分級基金規模目前占全市場指數基金規模的4成左右，與ETF平分秋色，其次是傳統指數基金，最末的是LOF基金。

表6.5　　　　　　　　中國各類指數基金分佈統計表

指數基金	數量	資產規模（億元）	規模占比（%）
ETF	110	1,726.90	39.39
LOF被動指數型基金	31	161.82	3.69
被動指數分級基金	140	1,798.10	41.01
普通被動指數型基金（不含ETF、LOF、分級）	82	452.36	10.32
被動指數型基金小計	363	4,139.18	94.41
LOF增強指數型基金	5	15.55	0.35
增強指數分級基金	4	4.58	0.11
普通增強指數型基金(不含LOF、分級)	36	225.07	5.13
增強指數型基金小計	45	245.2	5.59
總計	408	4,384.38	100

數據來源：易方達指數基金網 http://www.indexfunds.com.cn/，數據截至2016年6月30日。

随著中國指數化市場的快速發展，特別是 ETF 和分級基金的發展，這些產品的發展將對中國市場產生怎麼樣的影響，是否會像 Bolla 等（2016）所發現的那樣，即指數化投資提高了市場交易活動的聯動性，從而大大降低了分散化風險的可能？這是一個很有意思的話題，對此進行研究，可以更好地認識當前中國資本市場的運行態勢，為中國投資者進行指數化投資提供參考，為監管層進行政策制定提供經驗參考。

6.2.2 文獻綜述

隨著全球指數化產品規模的膨脹，大量的學者關注指數化投資對金融市場以及單個證券的影響。目前的研究大致可以分為兩類。

第一類主要探討指數效應，大多使用事件研究的方法。所謂指數效應，是指某只股票被納入或剔除指數成份股後，其股價會上升或下降的現象。如 Beneish 和 Whaley（1996）研究了 1986—1996 年 S&P 500 的成份股，發現從調整公布日開始，股價波動異常上升，但當股票加入指數後，股價反應發生了反轉，相對調整日有一定幅度的下降。Chan 等（2013）對發現某只股票被納入或剔除 S&P 500 指數以後，長期股價顯著上升，而且被剔除的股票表現優於被納入的股票。Biktimirov 和 Li（2014）研究了 FTSE 小盤股指數變化的市場反應，結果表明被剔除和新納入的股票具有非對稱的價格和流動性變化。Cheng 等（2015）使用斷點迴歸的研究設計提供了更加乾淨的指數效應的度量，他們採用 Russell 1000 和 Russell 2000 這兩個指數之間交接處的獨特樣本，使用斷點迴歸研究了指數效應。研究結果表明：當股票從 Russell 1000 被納入 Russell 2000 指數時會導致價格上漲；而從 Russell 2000 中剔除 Russell 1000 則會導致價格下跌。文章還研究了指數效應的時間趨勢，揭示了為指數交易者提供流動性的投資者類型。國內有大量的學者研究中國股票指數的指數化效應。宋逢明和王春燕（2005）研究了上證 180 指數和深成指的指數效應。宋威和蘇冬蔚（2007）利用多元迴歸對 2002—2006 年上證 180 指數成份股調整事件進行了實證分析，發現在指數中增加股票後，股票收益的市場風險系數顯著增加；反之，從指數中剔除股票後，股票收益的市場風險系數顯著下降。朱衛等（2013）運用事件分析法分析了上證 50 指數成份股調整對標的股票流動性及股東財富效應的影響。結果表明：中國上證 50 指數存在著指數調樣效應，但指

數調樣對股票流動性的影響要顯著強於對股東財富效應的影響；並且調進指數上市公司的流動性要強於調出指數的上市公司。

第二類主要探討指數化投資的繁榮對市場的影響。Sullivan 和 Xiong（2012）對 1982—2009 年美國指數化投資增長與股票市場價格、交易聯動之間的關聯進行研究，發現指數基金和 ETF 的快速增長引起了個股交易聯動性的增強以及個股價格相關性的上升。而且，Sullivan 和 Xiong（2012）發現樣本期內個股之間貝塔系數差距越來越小，這意味著分散化投資並不能很好地降低組合的風險。Kamara 等（2008，2010）研究了 1963—2008 年美國股票市場系統性風險和系統性流動性的變化。結果發現：樣本期內，大市值股票的系統性風險性和系統性流動性顯著增加，小市值股票卻顯著下降；大市值股票流動性的聯動性增加，小市值股票流動性對全市場流動性的變化卻更不敏感。他們發現，被動投資策略和機構化投資是造成這些市場變化的主要原因。2010 年 5 月美國股市發生「閃電崩盤」事件後，越來越多的學者開始關注 ETF 交易是否加劇了市場波動這一課題。Ben 等（2014）和 Krause 等（2014）認為，ETF 和一攬子股票的套利行為將 ETF 市場的流動性衝擊傳遞到現貨市場，從而使 ETF 交易增加了標的指數成份股的非基本面波動。更進一步地，Ben 等（2014）指出這種使成份股波動率增加的行為並不伴隨著 ETF 價格發現能力的提高，這表明 ETF 交易增加了一攬子股票的噪聲。Da 和 Shive（2013）發現，ETF 的套利行為將 ETF 市場的非基本面衝擊傳遞到股票市場，從而造成了 ETF 所持有的一攬子股票收益率的聯動，這將大大降低分散化投資的收益。Israeli 等（2015）針對美國 ETF 市場的研究發現，ETF 持股比例的增加導致成份股的買賣價差增大、定價效率降低以及聯動性增強。Bolla 等（2016）研究美國、歐洲以及新興市場的 ETF 規模與市場風險指標的關係。經驗分析表明，ETF 規模增長是成交量、收益率和流動性聯動性增強的主要驅動因素。這意味著指數化投資現在並不能降低風險，反而加大了市場系統性風險的聯動性。

以上研究表明，指數化的快速發展確實造成了金融市場聯動性的增強，大大降低了分散化投資的收益，但以往的研究者都是以美國市場等成熟市場為研究對象，而新興市場的指數化發展是否造成了整體金融市場聯動性的變化？是否增加了市場的系統性風險？回答這些問題正是本書的研究目的。

6.2.3 指數基金與市場聯動關係分析

圖 6.3 是 2005—2016 年中國各類指數基金季度規模資產對比圖。從圖 6.3 中可以看出，普通指數基金在 2006—2007 年那一波牛市中增長較快，2008 年股市斷崖式下跌以后，市場規模也有所下降，但 2008 年第三季度以後開啓新一輪的市場擴張，2009 年第四季度規模高達 3,000 億元；隨著 ETF 和分級基金的興起，普通指數基金的市場規模逐漸下降，2014 年第三季度以后市場規模就低於 ETF 和分級基金。ETF 基金前期增長緩慢，之后穩中有進，持續正向增長，受 2015 年 6 月股災影響，市場規模有所下降。而發展歷史最短的分級基金前期增長最為緩慢，但隨著 2014 年下半年股市的再次走牛，分級基金異軍突起，從 2005 年第三季度的不到 500 億元增長至 2015 年第一季度的近 4,500 億元，增長了近 9 倍，但隨后受股災影響，出現斷崖式下降，目前整體市場規模約為 1,500 億元，還是高於普通指數基金和分級基金。

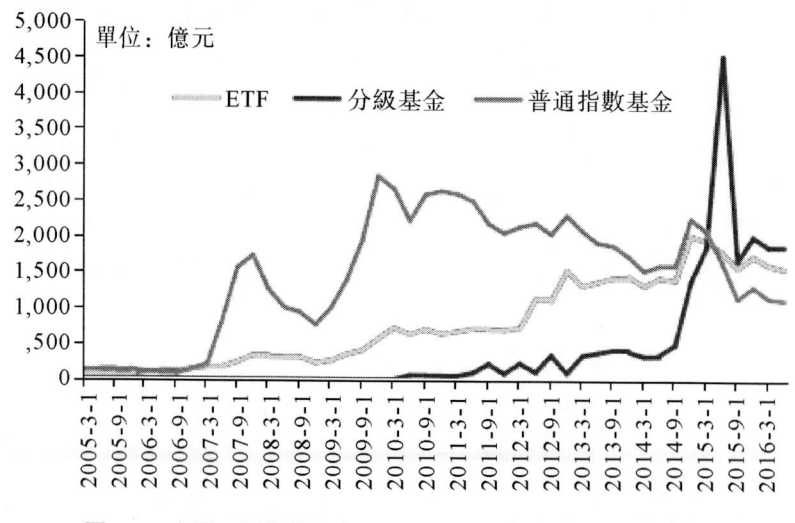

圖 6.3　中國三類指數化產品 2005—2016 年的資產淨值趨勢圖

接下來，我們借鑑 Sullivan 和 Xiong（2012）、Bolla 等（2016）的方法，構造個股截面風險指標，分析指數化產品規模與這些個股截面指標是否存在正相關關係。具體的指標構建見附錄 6.1。

6 中國ETF對標的市場的影響分析

圖6.4給出了四個風險指標12個月移動平均值的序列圖和指數基金總規模圖。從圖6.4中可以看出，除了 $V\Delta DISP$ 變化不大外，其他三個指標序列的時序圖變化基本一致，都是先上升后平穩變化再上升的趨勢。市場下跌時（次貸危機期間、2015年股災期間），成交量、價格和流動性的相關性會急遽變大。圖6.4表明指數基金規模與四個市場風險指標大致存在正相關關係，指數基金規模變大會伴隨著個股成交量、價格和流動性的相關係數變大，即市場的聯動性加強，不利於分散風險。

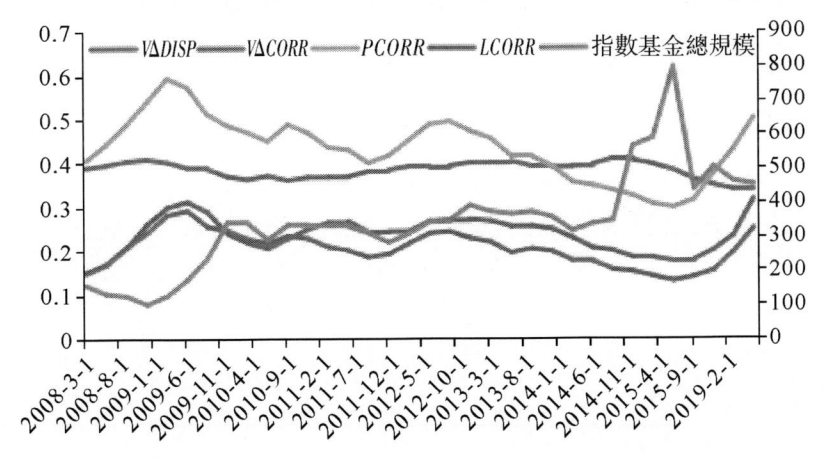

圖6.4　$V\Delta DISP$、$V\Delta CORR$、$PCORR$、$LCORR$ 時序圖

6.2.4　ETF與股票市場相關性分析

圖6.4指出指數基金規模會加劇市場聯動。那麼ETF是否也存在這種效應？接下來，我們利用ETF以及ETF所跟蹤指數成份股的面板數據分析ETF交易與股票相關關係。

6.2.4.1　數據說明與指標構建

（1）數據說明

以股票型ETF為研究對象，剔除所有跨境股票型ETF。由於部分股票型ETF成交並不活躍，為保證研究結論的有效性，我們選取日均成交量在300萬份以上的50只股票型ETF進行研究。ETF的成份股信息來自各基金公司季度報告。由於成份股信息每季度公布一次，並且一般變動不大，所以我們假設每季度的持股信息在該季度的三個月份中保持不變。樣本數據包括：ETF每日份額變動，ETF月換手率，ETF重倉股

信息，ETF 基金年度資產總值、成份股收盤價，所有數據均來自 Wind 數據庫和各基金公司季報。樣本期限為 2005 年 1 月至 2015 年 12 月，採用月度數據。

(2) 指標構建

假設一個包括 N 只股票且各股票等權重的投資組合，則在任意期間 t，該組合收益率的方差為：

$$\sigma_{p,t}^2 = \sum_{j=1}^{N}\sum_{k=1}^{N}\frac{1}{N^2}\rho_{jk,t}\sigma_{j,t}\sigma_{k,t} = \overline{\sigma}_t^2\overline{\rho}_t + \sum_{j=1}^{N}\sum_{k=1}^{N}\frac{1}{N^2}\rho_{jk,t}\xi_{jk,t} \quad (6.11)$$

其中，$\overline{\sigma}_t^2 = \frac{1}{N}\sum_{j=1}^{N}\sigma_{j,t}^2$，$\overline{\rho}_t = \frac{1}{N^2}\sum_{j=1}^{N}\sum_{k=1}^{N}\rho_{jk,t}$，$\xi_{jk,t} = \sigma_{j,t}\sigma_{k,t} - \overline{\sigma}_t^2$。$\overline{\sigma}_t^2$ 是所有個股的平均方差，$\overline{\rho}_t$ 是個股平均相關係數。

Pollet 和 Wilson（2008）指出，式（6.11）中的第一項，即所有個股的平均方差與平均相關係數的乘積，能夠解釋投資組合收益率方差的 97% 以上的變化。因此，忽略式（6.11）中的第二項，將投資組合收益率的方差除以所有個股的平均方差，就可以得到整個投資組合個股之間的平均相關係數。據此，我們就可以計算每一只 ETF 跟蹤指數成份股的平均相關係數。

① Fcorr，公式如下：

$$Fcorr = \frac{成份股每日平均收益率的方差}{所有成份股收益率方差的平均值} \quad (6.12)$$

Da 和 Shive（2013）將 Fcorr 稱為每一只 ETF 的基金的方差比指標（Fund Variance Ratio），其值代表了指數成份股之間的平均相關性。式（6.12）中的個股收益率我們採用對數收益率形式，即 $R_{i,t} = \ln(P_{i,t}/P_{i,t-1})$，其中 $R_{i,t}$ 是股票 i 在 t 日的收益率，$P_{i,t}$ 是股票 i 在 t 日的收盤價。為保證數據的有效性並消除異常樣本對研究結論的影響，本書利用 Winsorize 的方法對 Fcorr 的 1% 和 99% 的異常值進行截尾處理。

② MCP（ETF 市值比，單位%），即 ETF 流通市值占所跟蹤指數的流通市值的比例。

③ SDshares（ETF 月流通份額的變化）：SDshares 等於 ETF 流通份額的月標準差除以該月 ETF 流通份額的均值，其中 ETF 流通份額的月標準差和均值根據流通份額的日度數據計算，日度數據根據 Wind 數據庫手動收集。該指標是 ETF 流通份額相對於均值的變化幅度，反應了

ETF 一級市場申購贖回強度。

④ *FTO*（ETF 月度換手率）。

⑤ *TNA*（基金規模，單位億元），使用基金資產淨值度量基金規模。實證檢驗中，我們對該數值進行自然對數運算，以保證迴歸時變量的數量級匹配。

變量 *SDshares* 和 *FTO* 可以反應 ETF 市場交易強度，通過 *Fcorr* 對這兩個變量的迴歸分析，可以分析 ETF 交易對成份股相關性的影響。

6.2.4.2 實證結果分析

各變量的描述性統計見表 6.6。從表 6.6 中可以看到，成份股的平均相關係數都是正的，且波動較大。從樣本 ETF 的換手率來看，換手率差異很大，最小值為 0.003，最大值為 23.921。

表 6.6　　　　　　　　各變量的描述性統計

變量名	均值	標準差	最小值	最大值
Fcorr	0.445	0.282	0.000	0.893
MCP	0.021	0.138	0	0.046
FTO	0.612	1.252	0.003	23.921
SDshares	0.037	0.066	0	1.192
TNA	43.796	51.797	41.312	301.514

表 6.7 給出了相應的迴歸分析結果。由於部分變量數據存在缺失，本書在迴歸分析中實際用到的是非平衡面板數據。本書首先分別對不同被解釋變量的模型進行了組間異方差、組內自相關檢驗。為了獲得穩健型標準誤，本書採用經 Driscoll–Kraay 標準誤調整（Driscoll & Kraay，1998）的固定效應模型進行估計[①]。表 6.7 中的二至四列是沒有控制時間和基金個體效應的迴歸結果，五到七列是控制了時間效應和基金個體效應的迴歸結果。

表 6.7 的結果顯示，在沒有控制時間與個體效應的情況下，*Fcorr* 對 *SDshares* 與 *FTO* 的迴歸系數為正，但 *SDshares* 的系數在統計上不顯

---

① 用 Hausman 檢驗比較了固定效應與隨機效應兩種處理方法，依據結果選擇固定效應模型。

著，*FTO* 的迴歸系數在 1%顯著水平上顯著，說明 ETF 的換手率對成份股相關性有顯著的正向促進關係。

由於不同的 ETF 在投資風格、跟蹤指數、管理人等方面均有差異；另外，一些宏觀因素將會從基本面上對所有不同的 ETF 基金產生相同的影響，因此必須控制基金個體效應和時間效應。從表 6.7 中的后三列可以看出，控制時間和個體效應以後，*SDshares* 與 *FTO* 的迴歸系數顯著為正，這充分說明了 ETF 在一級市場的申購贖回行為以及二級市場的換手都會導致成份股的相關係數變大，即個股聯動性增強，這反而不利於分散化投資。

表 6.7　　　　　　　　　　迴歸分析結果

	$Y = Fcorr$					
MCP	0.080 *** (8.432)	0.046 *** (7.356)	0.050 *** (6.432)	0.064 ** (3.478)	0.034 *** (4.650)	0.047 *** (6.428)
SDshares	0.150 (1.284)		0.132 (1.198)	0.461 ** (3.215)		0.465 *** (5.089)
FTO		0.049 *** (7.652)	0.060 *** (6.482)		0.082 ** (2.86)	0.011 * (2.103)
ln(*TNA*)	−0.000 (−0.002)	−0.003 (−0.004)	−0.000 (−0.002)	−0.012 (−0.008)	0.003 (0.008)	0.001 (0.005)
常數項	0.463 *** (28.656)	0.354 *** (24.462)	0.412 *** (23.365)	0.041 *** (22.843)	0.039 *** (49.044)	0.035 *** (29.341)
時間	NO	NO	NO	YES	YES	YES
個體	NO	NO	NO	YES	YES	YES
Obs	5,860	5,860	5,860	5,860	5,860	5,860
R^2	0.021	0.031	0.049	0.216	0.346	0.386

註：括號內是 z 統計值，*、**、*** 分別表示在 10%、5%、1%顯著水平上顯著。

6.2.5　本節小結

本節分析了中國指數化交易與現貨市場的關聯，發現指數化產品規模增大與股票市場風險指標存在正相關關係，進一步針對 ETF 的分析表明，ETF 一級市場的申購贖回強度以及二級市場中的換手率均與成份

股之間的相關係數正相關。實證結果表明,指數化交易雖然提高了成份股的活躍性,但同時也增加了現貨市場的聯動性,這在一定程度上降低了分散化投資的收益。

指數化投資特別是 ETF 交易,使買賣一攬子證券成為現實,本身又兼具投資透明、交易成本低廉、流動性好等優勢。但本書的研究表明,當指數化投資(ETF)市場規模增大時,套利交易行為會使成份股的聯動性增強,從而不利於分散化投資。因此,應該對指數化產品進行適當性審慎監管,防範指數化交易對現貨市場的傳染效應。在進一步豐富 ETF 品種的同時,應該注意對不同的指數、不同的行業、不同的股票進行投資組合,即增加投資組合的多樣性,以達到分散化投資的目的,同時降低對現貨市場聯動性的影響。

附錄6.1 個股截面風險指標構建

(1)交易量變動值的截面方差 $V\Delta DISP$(Cross-sectional Dispersion of the Change in Trading Volume)和交易量變動值平均相關係數 $V\Delta CORR$(Average Pairwise Correlation of Change in Trading)。

① $V\Delta DISP_t$ 指標的計算。$V\Delta DISP_t$ 其實就是所有個股成交量變化 $\Delta V_{i,t}$ 的標準差,刻畫了市場交易量的聯動,其值越小,全市場交易量的聯動就越強。

令 $\Delta V_{i,t} = \ln(\dfrac{V_{i,t}}{V_{i,t-1}})$,其中 $V_{i,t}$ 是第 i 只股票第 t 日的交易量。

則 $V\Delta DISP_t = \sqrt{\dfrac{1}{N-1}\sum\limits_{i=1}^{N}(\Delta V_{i,t} - \Delta \bar{V}_t)^2}$,其中 $\Delta \bar{V}_t = \dfrac{1}{N}\sum\limits_{i=1}^{N}\Delta V_{i,t}$,$N$ 是樣本股票數量,$\Delta \bar{V}_t$ 是所有個股的平均交易量。

② $V\Delta CORR$ 指標的計算。$V\Delta CORR$ 是所有個股成交量變化 $\Delta V_{i,t}$ 的兩兩相關係數,按等權重計算平均值。

$$V\Delta CORR = \sum_{i=1}^{N}\sum_{j>i}^{J}\dfrac{\sum\limits_{t=1}^{T}(\Delta V_{i,t}-\Delta \bar{V}_i)(\Delta V_{j,t}-\Delta \bar{V}_j)}{(T-1)\sigma_{\Delta V_i}\sigma_{\Delta V_j}}\bigg/K$$

其中 $K = \dfrac{N(N-1)}{2}$，$\Delta \bar{V}_i = \dfrac{1}{T}\sum_{t=1}^{T}\Delta V_{i,t}$，$\sigma_{\Delta V_i}$ 是股票 i 交易量變動值的標準差。我們採用滾動窗口方法，即 3 個月滾動窗口計算 $V\Delta CORR$。

（2）個股收益率的平均相關係數 PCORR（Average Pairwise Correlation of the Price Returns）。PCORR 刻畫了股票收益率的聯動程度。PCORR 的計算與 $V\Delta CORR$ 類似，方法如下：

令 $\Delta P_{i,t} = \ln(\dfrac{P_{i,t}}{P_{i,t-1}})$，其中 $P_{i,t}$ 是第 i 只股票第 t 日的收盤價。

$$PCORR = \sum_{i=1}^{N}\sum_{j>i}^{J} \dfrac{\sum_{t=1}^{T}(\Delta P_{i,t} - \Delta \bar{P}_i)(\Delta P_{j,t} - \Delta \bar{P}_j)}{(T-1)\sigma_{\Delta P_i}\sigma_{\Delta P_j}} \Big/ K$$

（3）個股流動性的平均相關係數 LCORR（Average Pairwise Correlation of Liquidity）。LCORR 刻畫了全市場流動性的聯動程度。計算方法如下：

首先，根據 Amihud（2002）方法計算每只股票的流動性指標：

$ILLIQ_{i,t} = \dfrac{|P_{i,t} - P_{i,t-1}|}{JV_{i,t}}$，其中 $P_{i,t}$ 是第 i 只股票第 t 日的收盤價，$JV_{i,t}$ 是第 i 只股票第 t 日的成交金額。

接著計算每只股票的流動性變化 $\Delta ILLIQ_{i,t} = \ln(\dfrac{ILLIQ_{i,t}}{ILLIQ_{i,t-1}})$，最後與 PCORR 和 $V\Delta CORR$ 類似，計算個股流動性的平均相關係數：

$$LCORR = \sum_{i=1}^{N}\sum_{j>i}^{J} \dfrac{\sum_{t=1}^{T}(\Delta ILLIQ_{i,t} - \Delta \bar{ILLIQ}_i)(\Delta ILLIQ_{j,t} - \Delta \bar{ILLIQ}_j)}{(T-1)\sigma_{\Delta ILLIQ_i}\sigma_{\Delta ILLIQ_j}} \Big/ K$$

本書首先以滬深 300 指數基金以及滬深 300 指數的成份股為研究對象，構建以上四個風險指數以反應成份股市場聯動性的變化，接著分析滬深 300 指數基金占滬深 300 指數市值的比例與這些風險指標的變化，以觀察指數基金與市場總體風險指標之間的關係。選取滬深 300 指數的成份股計算以上指標，原因在於：第一，目前滬深兩市跟蹤滬深 300 指數的指數基金數量最多，為 41 只，占指數基金總數的 10.02%；基金規模為 826.62 億元，占指數基金總規模的四成左右。第二，滬深 300 指數由滬深兩市規模大、流動性好的 300 只股票組成，其樣本股市值占滬

深兩市市值的 6 成左右，具有很好的市場代表性。

樣本期限為 2006 年 1 月 1 日至 2016 年 6 月 30 日。選取的指標包括：兩市的所有股票的日收盤價（后復權）、交易量、交易額以及所有的指數基金月度和季度資產淨值規模。所有的數據均來自 Wind 數據庫。考慮到研究需要，我們剔除 ST 或 PT 股票、交易月份不足 6 個月的股票，以及所有股票上市首日的觀測值。

由於滬深 300 指數樣本股每半年調整一次，樣本股調整實施時間是每年 6 月和 12 月的第二個星期五收盤后的下一交易日。在計算上述風險指標時，本書根據中證公司發布的滬深 300 指數樣本股的調整清單，對成份股進行調整后再計算風險指標。

7 ETF發展與金融市場穩定

7.1 新型ETF產品的潛在風險

作為極具創新性和最為成功的交易所交易產品，近年來，全球ETF市場發展極其迅猛，市場規模不斷膨脹，產品結構日趨複雜。雖然ETF不是2010年5月6日美國「閃電崩盤」事件的罪魁禍首，但日益複雜和膨脹的ETF市場對金融市場穩定性的影響受到了更多的監管關注。本節主要分析各種複雜的創新型ETF產品可能導致的系統性風險，並提出相應的監管應對策略。

7.1.1 槓桿和反向ETF的潛在風險

槓桿及反向ETF的投資標的一般包括現金、貨幣市場工具、基礎證券、基於股票或股票指數的期貨、期權及互換等，提供槓桿的主要方式是通過金融衍生品，其槓桿模式有單日槓桿、月度槓桿和存續期槓桿等三種基本類型。其中，追求單日標的指數收益率一定倍數的單日槓桿ETF是目前槓桿及反向ETF市場最為流行的一種槓桿方式。槓桿及反向ETF的投資管理基於嚴格的量化流程，通過一定數量、不同品種的證券來實現特定倍數的投資目標。基金管理公司往往依靠事先設計好的量化模型生成調倉訂單以指導操作，目前主要有基於期貨、基於互換合約的合成複製、純結構化現金及ETN等四種管理模式。

槓桿及反向ETF的產品結構如圖7.1所示。

7　ETF 發展與金融市場穩定

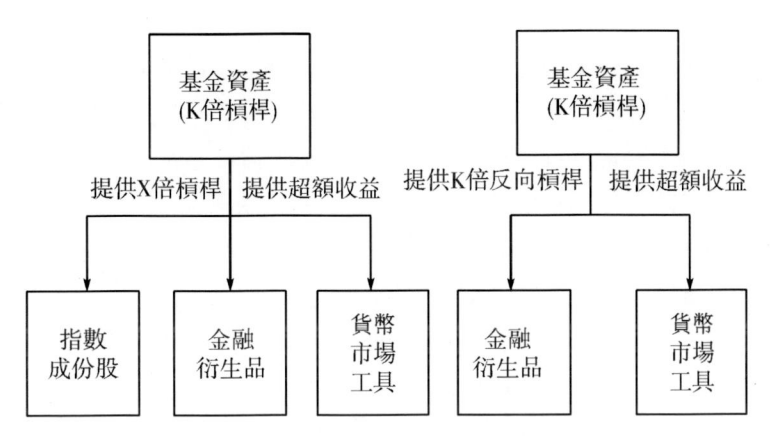

```
    基金資產                      基金資產
    (K倍槓桿)                     (K倍槓桿)
提供X倍槓桿  提供超額收益    提供K倍反向槓桿  提供超額收益
  ↓           ↓   ↓              ↓           ↓
 指數        金融  貨幣          金融        貨幣
 成份股      衍生品 市場          衍生品      市場
                  工具                       工具
```

圖 7.1　槓桿和反向 ETF 產品結構圖

與傳統 ETF 產品相比，槓桿及反向 ETF 為投資者提供了低成本的槓桿型投資工具。同時槓桿及反向 ETF 可以為投資者提供方便的風險對沖工具，受法規或投資策略限制而不能投資衍生工具的散戶或機構可以使用反向 ETF 進行風險對沖；同時，槓桿和反向 ETF 也是高效的資產配置工具，投資者可以用較少的資金達到相同的資產配置效果。

槓桿及反向 ETF 是 ETF 產品線不斷豐富的創新產品，對缺乏適合普遍投資者做空工具的中國市場來說意義非凡。但是，相應地，槓桿及反向 ETF 存在以下風險：

（1）實現風險

為了實現槓桿目標，槓桿 ETF 管理者一般都會在接近收盤的最后半個小時內完成每日頭寸調整，因為此時臨近收盤，收盤點位預測相對準確度更高。因此，極端的市場波動、相應的法律法規限制都可能使基金無法達成目標槓桿。對於互換，如果某日日內基準指數出現劇烈波動，互換協議中可能包含條款允許交易對手方立即終止互換。在這種情況下，ETF 可能無法立即找到另外的交易對手方簽訂新的互換合約或者使用其他衍生品實現目標槓桿。即使沒有出現極端情況，由於基金頭寸每日需要根據當日指數漲跌進行調整，很難非常精確地實現剛剛好的頭寸，這也會導致每日業績與目標發生偏差。

(2) 其他風險

其他風險包括流動性風險、錯誤使用風險、投資決策失誤風險、槓桿屬性的風險等。流動性風險即在某些特殊情況下，基金管理者無法將所持資產快速變現或者無法以當時市場正常市值迅速變現的風險。而引發流動性風險的原因可能為政策、經濟危機、突發危機、自然災害等。錯誤使用風險指很多投資者始終認為槓桿 ETF 是一種長期持有並放大收益的基金產品，但是由於槓桿偏離，長期持有槓桿 ETF 可能造成投資者巨大的損失。投資決策失誤風險指槓桿 ETF 放大了標的指數的收益，因此當投資者判斷錯誤市場走向時，蒙受的損失也遠大於普通的基金產品。另外，槓桿 ETF 的槓桿屬性使得所有投資收益或者虧損均成倍數放大，風險較一般基金或者 ETF 產品要高出很多。如果對槓桿 ETF 產品的瞭解不充分，投資者很有可能出現嚴重虧損。

7.1.2 合成 ETF 的潛在風險

合成 ETF 並不實際持有相關資產，而是通過投資與基準指數匯報掛勾的金融衍生工具來擬合指數收益。合成 ETF 的投資通常採取非融資性互換（Unfunded Swap）、融資互換（Funded Swap）兩種形式。總收益互換（Total Return Swap）是合成 ETF 最常用的追蹤指數收益的衍生品。在非融資性互換 ETF 結構中，ETF 發行人創造 ETF 份額時從授權參與者或做市商手中獲得的是現金而不是傳統 ETF 結構中的一攬子股票，並利用這部分現金與另一金融仲介達到總收益互換交易，以獲得 ETF 標的資產的收益；與此同時，總收益互換的對手方將提供股票資產組合作為擔保，但擔保資產組合可以完全不同於 ETF 標的資產。在融資性互換 ETF 結構中，不同的是，抵押資產以三方協議形式存在而非真實出售。也就是說，ETF 發行人不是擔保資產的直接受益所有人，而且通常要求超額擔保 10%～20%，整個交易結構也更像一個信息或證券連結票據，並通過擔保降低對手方風險。圖 7.2 和 7.3 給出了傳統 ETF 與非融資性互換 ETF 的產品結構圖。

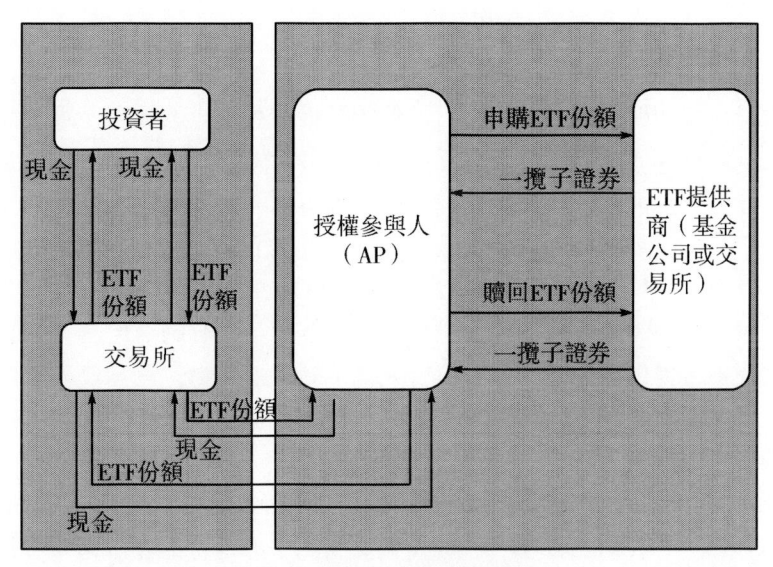

圖 7.2 傳統 ETF 產品結構圖

資料來源：Foucher I, Gray K. Exchange-traded funds: evolution of benefits, vulnerabilities and risks [J]. Bank of Canada Financial System Review, 2014: 37-46.

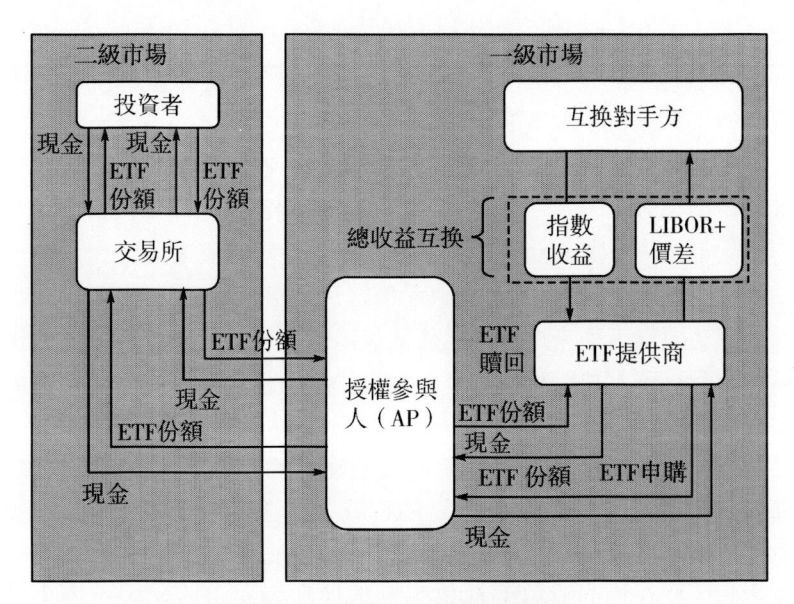

圖 7.3 合成 ETF 產品結構圖

資料來源：Foucher I, Gray K. Exchange-traded funds: evolution of benefits, vulnerabilities and risks [J]. Bank of Canada Financial System Review, 2014: 37-46.

合成 ETF 進一步提高了 ETF 產品的靈活性、豐富程度和吸引力。傳統結構下發行人將承擔跟蹤誤差。尤其是在標的指數成份股較多，或標的資產流動性不夠好等情況下，傳統結構的複製成本較高，跟蹤誤差較大。而在合成結構下，通過互換交易，發行人將跟蹤誤差轉嫁給互換對手方，正常情況下將能夠確保投資者獲得標的指數期間收益。然而合成 ETF 本質上都是一種抵押擔保，違約風險無法避免。

　　首先，一旦對手方違約，互換合約將自動終止。當對手方違約時，ETF 發行人可能會與另一個金融仲介再次簽訂互換合約。但是，如果新的互換不再提供擔保時，ETF 發行人為了變現抵押物，只能買入標的證券或者關閉基金。不管是哪一種方式，這都將造成投資者的損失。選擇多個對手方進行互換是一個分散風險的辦法，歐洲大部分的合成 ETF 都執行 UCITS（Undertakings for Collective Investment in Transferable Securities）標準，在這個標準下，與一個交易對手方進行的互換頭寸不得超過總頭寸的 10%。

　　其次，在市場風險加大進而對手方風險顯著提高的情況下，合成結構中擔保設計蘊含的「道德風險」，將誘發機構投資者逃離 ETF 產品。與時同時，大量 ETF 贖回將迫使銀行出售擔保資產，同時做市商為維持 ETF 流動性也將加大贖回力度，這就將形成負反饋循環，進一步加大流動性壓力和對手方風險。

　　目前全球 ETF 市場蓬勃發展，市場保持平穩運作、交投活躍。隨著各類結構化 ETF 產品的推陳出新，ETF 市場已經出現了很大變化，風險屬性大不相同，業務關聯大大加強，結構性隱憂突顯。因此需要重新評估和針對性管控 ETF 對金融體系穩定性的潛在影響。全球 ETF 市場過往的成功同樣不是未來平穩運作的保障，不能替代對其新發展的密切跟蹤和監管。若不加以重視和針對性監管，不排除隱患的出現和風險的發生。

　　對中國而言，目前中國 ETF 產品結構傳統、簡單，品種數目較少，資產規模有限，進一步發展壯大 ETF 市場是當前的主要任務。適度推進創新，重點解決制約行業發展的瓶頸，是當前加快 ETF 市場發展的重中之重。要在控制風險的前提下創造性地解決當前境內市場供給不足、需求過剩的基本局面。在進行 ETF 產品創新時，我們應該從以下三個方面著手推進：

第一，理性看待新型 ETF 產品。從全球市場經驗看，金融衍生品具有重要的價格發現、對沖風險和提高市場流動性的功能。正是由於中國股指期貨等衍生品發展的相對滯后，2015 年股市大幅波動期間，新加坡、美國推出的 A 股股指期貨交易量大幅增加，韓國、美國、臺灣等也在 2015 年股災期間紛紛新設 A 股槓桿和反向 ETF 產品，這顯示利用衍生品進行風險管理的需求始終是存在的。從各國槓桿和反向 ETF 的發展經驗來看到，槓桿和反向 ETF 可以幫助市場建立更多的投資策略，是資本市場重要的組成部分。中國內地於 2013 年就有過推出槓桿和反向 ETF 的意向，但由於擔心加劇市場波動等原因一直沒有實質性的進展。目前，全球 ETF 正從 1.0 時代（被動策略投資）向 2.0 時代（主動策略投資）過渡，槓桿和反向 ETF 這幾年在海外尤其是亞太市場日漸盛行。隨著中國金融改革的不斷深化和資本市場的日趨成熟，對槓桿和反向 ETF 產品的需求也將增加。中國內地應該廣泛借鑑韓國、港臺地區的相關經驗，積極穩妥地推出槓桿和反向 ETF、合成 ETF 等新型 ETF 產品。

第二，加強金融市場基礎設施建設。一是加強市場交易系統的建設，降低交易成本。由於新型 ETF 產品大量運用股指期貨和互換等金融衍生工具，對產品研發、會計估值、風險管控和系統支持的要求也更高，因此要加強相關交易系統的網路建設，簡化交易程序，降低交易成本。二是發揮專業指數公司的作用，形成合乎市場需求的指數設計。三是加強期權、期貨等衍生品市場發展。槓桿和反向 ETF、合成 ETF 的成功往往與股指期貨、股指期權的發達程度高度相關。培育發達的衍生品市場也是掌握股指定價權、增加市場流動性的手段。

第三，加強投資者教育和保護工作。槓桿和反向 ETF 以及合成 ETF 不同於其他產品，它相對適合短期投資，要求投資者有能力和意願來定期監控其持倉，並理解這種 ETF 產品的運作機制。在正式推出相關 ETF 產品之前，應該充分做好產品的風險收益特徵、所跟蹤的標的指數、投資者適用性等方面的投資者教育工作，爭取產品推出就能穩定運行。同時，多維度預防創新產品槓桿 ETF 風險的發生，使得市場基礎配套與產品創新相輔相成、協同發展。

7.2 ETF 交易與金融市場脆弱性

7.2.1 引言

傳統 ETF 產品（Physical ETF）採用複製的方式來實現和保障提供標的資產同期收益，一般被視為普通的證券產品（Plain-Vanilla Equity Products）。傳統 ETF 一般跟蹤本國的全市場指數或行業指數，潛在標的流動性較好。近幾年，全球 ETF 產品在類型上不斷豐富，各交易所不斷推出跨國 ETF、跨境 ETF、商品 ETF 等。這些 ETF 為本國投資者進行全球化資產配置提供良好的投資渠道，深受市場追捧，這幾年市場份額持續擴大。然而，這些 ETF 的共性在於其標的資產難於交易或流動性較差，如跨國 ETF 跟蹤的標的指數都是外國股票指數，指數的成份股對於本國投資者而言，通常是無法交易的；一些商品 ETF，標的資產是商品實物，這個特性導致投機者不願在標的現貨市場交易；一些債券 ETF，標的資產在場外交易，流動性不高。即便標的資產可以交易，由於時差、地緣等因素影響，交易也是非同步的。隨著這類型 ETF 市場規模的擴大，跨市場關聯度越來越強，其對市場的影響如何？是放大了市場波動還是減緩了市場波動？其對市場的影響機制又是怎樣的？對這些問題的回答有助於監管者更好地進行監管決策。目前中國 ETF 市場產品結構傳統，品種數目較少，跨國、跨境 ETF 的數量少之又少，不存在引發市場風險的土壤，然而從全球化視角探討基礎資產流動性較差或難於交易的 ETF 對市場的影響，可以為中國 ETF 市場提供很好的啟發和經驗借鑒。

本書利用 Bhattacharya 和 O'Hara（2016）的理論模型探討諸如跨國 ETF、跨境 ETF、商品 ETF 等基礎資產無法交易或流動性不高的 ETF 與金融市場脆弱性之間的關聯。金融脆弱性在不同的文獻中具有不同的定義，本書借鑒 Bhattacharya 和 O'Hara（2016）的定義，從以下兩個層面定義金融脆弱性：①市場不穩定性，指非基本面衝擊所造成的傳染效

應；②羊群行為，指市場上所有的交易者脫離資產的基本面，在同一時間內使用同樣的市場信息進行同一方向的交易。基於 Kyle（1985）的方法，我們擬建立一個 ETF 交易的基本模型，以探討 ETF 與標的資產之間的相互學習和相互反饋機制，以及這種反饋機制對市場穩定的影響。

7.2.2　文獻綜述

Black（1986）指出，交易之所以會發生，就是由於市場上存在噪聲交易者（Noise Traders）和信息交易者（Informed Traders）。信息交易者根據其獲得的私有信息進行交易並獲取收益，而噪聲交易者則是基於他們自認為「好於不交易」的觀點進行交易，最終的市場價格就由這兩類交易者的交易行為共同決定。在早期，學者們對投資者交易行為的研究主要集中於股票市場，如 Hirshleifer 等（1994）、Barlevy 和 Veronesi（2003）、Veldkamp（2006）、Goldstein（2011）等。然而，在過去幾十年，全球衍生品市場經歷了快速發展，衍生品市場交易活躍度早已遠遠超過標的股票市場，在全球資本市場中扮演著越來越重要的角色。並且由於衍生品市場的種種特殊性質及與標的股票市場的天然聯繫，衍生品市場愈發成為信息交易者獲取私有信息收益的首選對象。例如 Black（1975）指出，由於期權的高槓桿性，信息交易者為了追求更高的收益，他們更有可能優先選擇期權市場進行交易而非股票。Subrahmanyam（1991）探討了有策略流動性交易者（Discretionary Liquidity Traders）在指數衍生性產品和指數成份股市場同時交易時的最優策略選擇，指出指數型衍生性金融商品較能迎合偏好進行組合投資的投資者，因為其逆向選擇的成本遠遠低於單個股票。由於流動性交易者更偏好指數化產品，因此指數化產品的引入會降低個股的流動性。Gorton 和 Pennacchi（1993）也建立了一個類似的模型，得到類似的結果，即不擁有信息的交易者為了避免與信息交易者交易而引起損失，他們就會選擇交易一攬子股票而不是單個股票。

然而本書的重點不是探討投機者的最優交易策略選擇，而是從噪聲交易者和信息交易者的交易策略出發，探討 ETF 與標的市場之間的跨市場信息傳遞如何造成市場的不穩定性。2010 年 5 月美國股市發生

「閃電崩盤」事件后，越來越多的學者開始關注不斷壯大的 ETF 市場對市場穩定性的影響。Ben 等（2014）和 Krause 等（2014）認為，ETF 和一攬子股票的套利行為將 ETF 市場的流動性衝擊傳遞到現貨市場，從而使 ETF 交易增加了標的指數成份股的非基本面波動；更進一步地，Ben 等（2014）指出這種使成份股波動率增加的行為並不伴隨著 ETF 價格發現能力的提高，這表明 ETF 交易增加了一攬子股票的噪聲。Da 和 Shive（2013）發現，ETF 的套利行為將 ETF 市場的非基本面衝擊傳遞到股票市場，從而造成了 ETF 所持有的一攬子股票收益率的聯動。Israeli 等（2015）針對美國 ETF 市場的研究發現，ETF 持股比例的增加導致成份股的買賣價差增大、定價效率降低以及聯動性增強。Glosten 等（2015）使用季度數據進行分析，發現對 ETF 持有比重的增加會提高小股票的信息效率。Malamud（2015）在假設投資者信息對稱、交易是基於風險分擔目的的條件下，建立了一個 ETF 交易的一般均衡模型，分析了 ETF 的申購贖回機制對市場的影響。模型結果表明：由於執行風險造成的有限套利會導致 ETF 價格的額外波動。Bhattacharya 和 O'Hara（2016）對基礎資產不流動的 ETF 進行研究，考慮一個 ETF 和基礎資產的短期交易策略，探討 ETF 與標的市場之間的跨市場信息傳遞和資產價格的聯動性，以及跨市場交易中，做市商學習行為對資產價格形成的影響。

7.2.3　ETF 交易的基本模型

Kyle（1985）假設市場上存在一名知情交易者、多名非知情交易者和一名做市商。知情交易者擁有資產真實價值的私人信息，而非知情交易者掌握的信息與資產真實價值無關，卻誤把噪聲信息當作有用的交易信息。在初始階段，不管知情交易者還是非知情交易者都會根據自身所擁有的信息對證券價值形成一定的判斷，通常將這種判斷稱為先驗信念。然后，一部分交易者會參與市場交易，並形成證券的初始價格，在交易過程中，交易者會觀測到申報價量、成交價量等交易信息，並據此修正自己關於證券價值的先驗信念，形成新的價值判斷，通常將這種判斷稱為后驗信念。此后，交易者會根據其后驗信念再次參加交易，並形成新的證券價格。在上述過程中，知情交易者會採取各種策略掩藏其私

人信息，而非知情交易者則通過觀測交易信息推測知情交易者所擁有的信息。這一過程將不斷重複下去，直到知情交易者所擁有的私人信息完全反應在證券價格中為止。此時，證券市場將達到一種均衡狀態：所有交易者擁有同樣的信息，證券的交易價格反應了其內在價值，並趨於穩定。

我們基於 Kyle（1985）的研究來建立 ETF 交易的基本模型。在現實世界中，如果 ETF 以及標的資產有充足的流動性而且交易同步，那麼當 ETF 淨值（一攬子股票的價格）與 ETF 價格出現偏差時，ETF 的做市商就可以套利。在風險中性世界中，假設做市商能夠不斷地對市場價格變化進行學習，那麼 ETF 市場和標的資產市場的價格調整與現實世界是一致的。然而，當 ETF 的成份股流動不佳，或交易非同步時，這時套利不再方便或不可行，那麼學習機制是兩個市場價格調整的主動驅動因素。

（1）資產價值

假設某只 ETF 追蹤的指數為 N 個資產的加權平均，加權權重為 $w_i(i = 1, 2\cdots N)$。資產 i 的價值可以表示為：

$$P_{i,3} = P_{i,0} + b_i\gamma + \varepsilon_i, \quad i = 1, 2\cdots N \tag{7.1}$$

其中 $P_{i,0}$ 是資產 i 的初始價值。$b_i\gamma + \varepsilon_i$ 是資產價值的衝擊部分，分成兩部分：系統性因子 γ 和特質因子 ε_i；b_i 是系統性因子載荷。假設 γ、$\varepsilon_i(i = 1, 2\cdots N)$ 獨立同分佈於均值為 0 的正態分佈。不失一般性地，我們假設 $\text{var}(\varepsilon_i) = \text{var}(\varepsilon_j) = \text{var}(\varepsilon)$，$\forall i, j \in \{1, 2\cdots N\}$，即假設特質因子是同方差的。

ETF 的價值是 N 個標的資產價值的加權平均，表示如下：

$$P_{e,3} = \sum_{i=1}^{N} w_i P_{i,0} + \sum_{i=1}^{N} w_i b_i \gamma + \sum_{i=1}^{N} w_i \varepsilon_i \tag{7.2}$$

其中 $P_{e,3}$ 是 ETF 的價值，w_i 是資產 i 的權重。

（2）市場交易者

假設所有的市場交易者都是風險中性的。N 個具有私有信息的投機者（Informed Speculators）只在 ETF 市場交易。每個投機者都擁有系統性因子和異質因子的私有信息，但是每個投機者擁有不同的異質因子信息。我們也假設每個標的資產市場上有一個信息投機者，每個投機者擁

有各自市場上的異質因子信息。為簡單計，我們假設 ETF 市場和標的市場的投機者的信息是無噪聲的，也就是說這些投機者可以觀測到系統性因子 γ 和特質因子 ε_i。

假設 ETF 市場上有一個做市商，標的市場有 N 個做市商。Kyle (1985) 指出，競爭會導致做市商的利潤趨於 0，因此他們會預期價值出清。按照 Kyle (1985) 的模型，ETF 市場的做市商是流動性交易者，而標的市場的交易者是因為其他原因參與交易。市場 i 的流動性交易者的指令 $z_i \sim N(0, \text{var}(z_i))$，ETF 市場的流動性交易者的指令 $z_e \sim N(0, \text{var}(z_e))$。我們假設 $\text{var}(z_e) = \sum_{i=1}^{N} \text{var}(z_i)$，$\text{var}(z_i) = \text{var}(z_j) = \text{var}(z)$，$\forall i, j \in \{1, 2 \cdots N\}$。

(3) 交易時間

假設有三個交易時間 $t = 1, 2, 3$。$t = 1$ 時，ETF 市場和標的市場的信息交易者根據他們所擁有的私有信息各自交易。$t = 2$ 時，標的市場的做市商根據 $t = 1$ 時的 ETF 價格更新標的資產的價格，而 ETF 的做市商根據 $t = 1$ 時的標的市場價格更新 ETF 的價格。$t = 3$ 時，ETF 和標的資產價格出清，交易如圖 7.4 所示。

$P_{e,1}$，$P_{i,1}(=P_{i,0})$　$P_{e,2}(P_{e,1})$，$P_{i,2}$　$P_{e,3}$，$P_{i,3}$

0　　　　　　　　　1　　　　　　2　　　　　　3

在ETF市場交易，ETF市場的做市商對ETF市場和標的資產市場進行學習

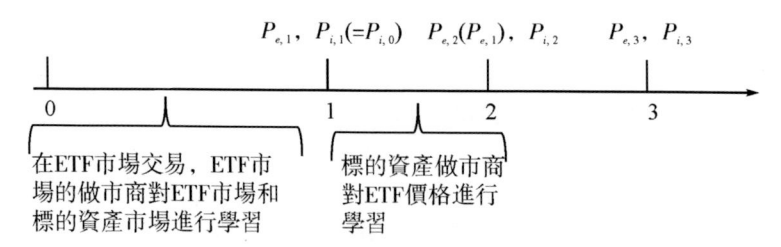

標的資產做市商對ETF價格進行學習

圖 7.4　ETF 市場信息投機者交易時序圖

ETF 市場的投機者的目標是選擇一個最優的下單規模 x_{ei}，滿足：

$$x_{ei} = \underset{x'_{ei}}{\text{argmax}} \text{E}(x'_{ei}(\sum_{j=1}^{N} w_j(\varepsilon_j + b_j\gamma) - P_{e,1}) \mid \varepsilon_i, \gamma) \tag{7.3}$$

其中，$P_{e,1}$ 是 ETF 在 $t = 1$ 時的價格；同樣地，標的市場 i 的投機者的目標是選擇一個最優的下單規模 x_i，滿足：

$$x_i = \underset{x'_i}{\text{argmax}} \text{E}(x'_i(\varepsilon_i + b_i\gamma - P_{i,1}) \mid \varepsilon_i, \gamma) \tag{7.4}$$

ETF 市場總指令流記為 $q_e = x_e + z_e$；同樣地，標的市場 i 的總指令流記為 $q_i = x_i + z_i$。

(4) 學習與均衡

在圖 7.4 中，當標的市場沒有信息交易時，$P_{i,1} = P_{i,0}$。ETF 市場的做市商由於標的市場沒有新的信息用於調整預期價格，因此 $P_{e,1} = P_{e,0}$。與其他研究一致，我們只考慮信息投機者的線性均衡策略，即每個市場參與者推測其他參與者的策略，在均衡時，所有的推測是一致的。

一個標的市場的做市商，當觀察到 ETF 的價格變化時，其指令流為：$q_e = (P_{e,1} - P_{e,0})/\lambda_e$，其中 λ_e 是市場均衡時 ETF 市場的價格衝擊因子。在貝葉斯框架下，這個做市商更新他的價格：

$$P_{i,2} = P_{i,1} + \lambda_{ei} w_i q_e = P_{i,1} + \frac{\text{cov}(\varepsilon_i + b_i \gamma, w_i q_e)}{\text{var}(w_i q_e)} w_i q_e \tag{7.5}$$

其中，λ_{ei} 表示 ETF 對標的資產 i 的價格變化影響。

一個 ETF 市場的投機者在下單之前會考慮他自己和其他投機者交易對 ETF 市場的價格衝擊。因此，ETF 市場的做市商的出清價格是所有 ETF 投機者的信息加總。反過來，這意味著標的資產 i 的做市商的指令流不僅僅是隨機噪聲，還與其他標的資產的系統性信息相關。換句話說，如果 $v_e w_j$ 和 θ_e 是一個 ETF 投機者在市場均衡時配置於異質因子和系統性因子的最優權重，那麼，標的資產 i 的做市商的指令流為：

$$q_e = z_e + \sum_{j=1}^{N} (v_e w_j \varepsilon_j + \theta_e \lambda) \tag{7.6}$$

將 (7.6) 代入 (7.5)，我們可得 ETF 價格調整對標的資產 i 的價格衝擊：

$$P_{i,2} = P_{i,1} + \frac{v_\varepsilon w_i^2 \text{var}(\varepsilon_i) + N\theta_e w_i \text{var}(\gamma)}{w_i^2 v_\varepsilon^2 \sum_{j=1}^{N} w_j^2 \text{var}(\varepsilon_j) + w_i^2 N^2 \theta_\varepsilon^2 \text{var}(\gamma) + w_i^2 \text{var}(z_e)} [w_i z_e + w_i \sum_{j=1}^{N} (v_e w_j \varepsilon_j + \theta_e \gamma)] \tag{7.7}$$

對參數 v_e、θ_e、λ_e 和 λ_{ei} 進行求解，可得以下的性質：

性質 1　ETF 市場做市商的均衡價格為：

$$P_{e,1} = P_{e,0} + \lambda_e q_e \tag{7.8}$$

標的市場 i 的做市商的均衡價格為：

$$P_{i,2} = P_{i,1} + \lambda_{ei} w_i (z_e + \sum_{j=1}^{N} x_{ej}) \tag{7.9}$$

追蹤市場 i 的 ETF 信息投機者的最優下單規模（Optimal Order Size）為：

$$x_{ei} = w_i v_e \varepsilon_i + \theta_e \gamma \tag{7.10}$$

其中，

$$v_e = \frac{1}{2\lambda_e}, \quad \theta_e = \frac{\sum_{j=1}^{N} w_j b_j}{(N+1)\lambda_e} \tag{7.11}$$

$$\lambda_e = \sqrt{\frac{(\sum_{j=1}^{N}\mathrm{var}(\varepsilon_j)w_j^2)/4 + \mathrm{var}(\gamma)(\sum_{j=1}^{N}b_j w_j)^2 N/(N+1)^2}{\mathrm{var}(z_e)}} \tag{7.12}$$

$$\lambda_{ei} = \frac{\lambda_e(N+1)\mathrm{var}(\varepsilon_i) + 2\lambda_e N b_i (\sum_{j=1}^{N} w_j b_j)\mathrm{var}(\gamma)/w_i}{(N+1)(\sum_{j=1}^{N} w_j^2 \mathrm{var}(\varepsilon_j)) + 2N(\sum_{j=1}^{N} b_j w_j)^2 \mathrm{var}(\gamma)} \tag{7.13}$$

從上式可以看出，v_e、θ_e 隨著 N 的增大而增大，而 λ_e、λ_{ei} 隨著 N 的增長而遞減，這是因為投機者數量增加（N 變大）產生競爭，從而降低了做市商所面臨的逆向選擇。

性質 1 說明了以難於交易資產為標的的 ETF 會造成市場不穩定。這種影響通過價格影響因子 λ_{ei} 和訂單流變量 q_e 進行傳導。從式（7.13）可以看出，λ_{ei} 與標的資產的權重、異質因子方差、標的資產數量相關。

性質 2（市場不穩定性） 對資產 j 異質因子的一個衝擊 η_j 會導致資產 i 價格的 ξ_i 的變化，其中，

$$\xi_j = \frac{w_i^2(N+1)\mathrm{var}(\varepsilon_i)/2 + w_i N b_i (\sum_{j=1}^{N} w_j b_j)\mathrm{var}(\gamma)}{(N+1)(\sum_{j=1}^{N} w_j^2 \mathrm{var}(\varepsilon_j)) + 2N(\sum_{j=1}^{N} b_j w_j)^2 \mathrm{var}(\gamma)} \tag{7.14}$$

性質 2 說明了 ETF 是如何影響整個市場的。式（7.14）說明了，與其他的金融工具不同（如開放式基金），ETF 將風險傳導至整個市場，也就是說，ETF 使市場更加複雜。

性質 3 在其他條件不變的情況下，資產的貝塔值越大，對市場的影響就越大。

性質 4 在其他條件不變的情況下，資產的權重越大，對市場的影響就越大。

在 Kyle（1985）的經典框架下，一輪交易以後，做市商價值分佈

的方差變化可以刻畫價格的信息含量。Kyle（1985）證明了后驗方差是先驗方差的一半，這意味著，一輪交易以後，投機者的一半信息會被揭示出來。同樣地，在我們的模型中，我們也證明了 ETF 訂單流的信息降低了標的市場做市商的方差。

性質 5 標的市場做市商 i 對資產價值分佈的先驗方差為：

$$\frac{\sum_{j=1, j \neq i}^{N} w_j^2 \text{var}^2(\varepsilon_j) + \text{var}(\varepsilon_i)\text{var}(z_e) + (N^2\theta_e^2 + b_i^2 v_e^2 \sum_{j=1}^{N} w_j^2 - 2b_i w_i v_e \theta_e N)\text{var}(\varepsilon_i)\text{var}(\gamma) + b_i^2 \text{var}(\gamma)\text{var}(z_e)}{w_i^2 v_e^2 \sum_{j=1}^{N} w_j^2 \text{var}(\varepsilon_j) + w_i^2 N^2 \theta_e^2 \text{var}(\gamma) + w_i^2 \text{var}(z_e)}$$

(7.15)

推論 1 標的市場做市商 i 對資產價值分佈的后驗方差低於先驗方差。

推論 1 說明了做市商觀察到 ETF 訂單流以後，對資產價值的不確定性減少了。這意味著，投機者可以通過交易傳遞信息。在 Kyle（1985）經典模型中，說明證券的價格更靠近真實價值；當交易次數足夠大時，證券的交易價格收斂於其內在價值。在我們的模型中，由於標的資產的數量很大，因此 Kyle（1985）的結論是成立的。根據大數定理，$\lim_{N \to \infty} \frac{1}{N} \sum_{n=1}^{N} (z_e)_n = 0$。當交易次數足夠多時，投機者的訂單流就是流動性訂單流，一攬子證券的價格收斂於真實價值。與 Kyle（1985）不同的是，投機者的訂單流並不是同質的。不同的投機者擁有不同標的資產的信息，而總訂單流是所有投機者信息的加總。不同於流動性交易的隨機性，每一個投機者的訂單流由於信息異質都存在一個系統性的偏差，這導致做市商無法準確地從 ETF 訂單流中分辨出與他所交易資產相關的信息。因此，ETF 對市場的影響分成兩部分：對於一攬子證券而言，信息是充分的；但是，單個證券的價格則持續性地偏離基本面價值。

（5）標的市場的投機者

接下來，我們分析 ETF 市場和標的市場的信息投機者。假設，每一個標的證券市場都有一個信息投機者，而 ETF 市場有 N 個信息投機者。圖 7.5 給出了 ETF 市場和標的市場信息投機者的交易時序圖。

```
        P_{e,1}, P_{i,1}    P_{e,2}, P_{i,2}    P_{e,3}, P_{i,3}
──┬──────────────┬──────────────┬──────────────┬──────→
  0              1              2              3
```

在ETF市場交易，ETF市場的做市商對ETF市場和標的資產市場進行學習；在標的市場交易，標的市場做市商對ETF市場和標的市場進行學習

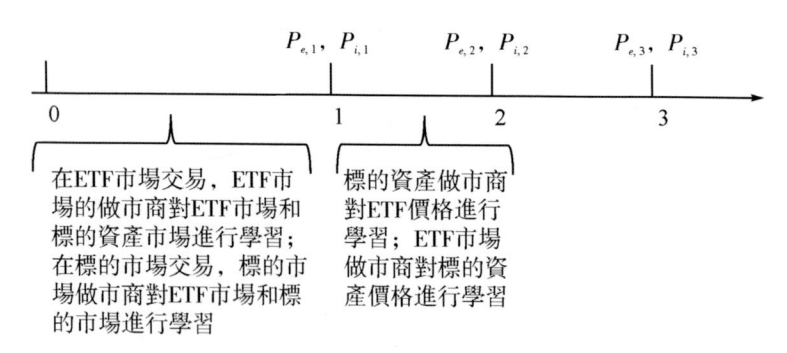

標的資產做市商對ETF價格進行學習；ETF市場做市商對標的資產價格進行學習

圖 7.5　ETF 市場和標的市場信息投機者的交易時序圖

雖然與 Froot 等（1992）的模型設定存在較大差異，但本節的部分結論與 Froot 等（1992）的羊群均衡結論類似。當 ETF 市場和標的市場同時存在信息投機者時，投機者可以在時點 2 通過短期交易策略來盈利。這是因為：一開始，做市商在各自市場出價，在下一個階段，做市商觀測到其他市場的價格信息，繼而重新報價以反應新的信息。如果投機者能夠準確預測其他市場的信息調整，那麼做市商的價格調整就為投機者提供了平倉的機會。

如果投機者持有資產至時點 3，那麼他們的最大化目標函數為式（7.3）和（7.4）。與性質 1 類似，我們可以很容易地求出長期最優交易策略，在公式（7.11）中令 $N = 1$：

$$v_i = \frac{1}{2\lambda_i}, \ \theta_i = \frac{b_i}{2\lambda_i}, \ \lambda_i = \frac{1}{2}\sqrt{\frac{\text{var}(\varepsilon_i) + b_i^2 \text{var}(\gamma)}{\text{var}(z_i)}} \tag{7.16}$$

對於短期交易策略，投機者最大化以下目標函數：

$$x_k = \text{argmax} E(x_k(P_{k,2} - P_{k,1}) \mid F_k) \tag{7.17}$$

其中 $k = \{e, 1, \cdots k\}$，F_k 是投機者的信息集，即相關的異質因子信號和系統因子信號。對於短期均衡，如果投機者在標的市場 i 的推測需求為 $\bar{v}_i(\varepsilon_i) + \bar{\theta}(\gamma)$，那麼標的市場 i 的做市商在時點 1 的價格為：

$$\begin{aligned}P_{i,1} &= \frac{\text{cov}(\varepsilon_i + b_i\gamma, \ \bar{v}_i\varepsilon_i + \bar{\theta}\gamma + z_i)}{\text{var}(\bar{v}_i\varepsilon_i + \bar{\theta}\gamma + z_i)} q_i \\ &= \frac{\bar{v}_i \text{var}(\varepsilon_i) + b_i\bar{\theta}\text{var}(\gamma)}{\bar{v}_i^2 \text{var}(\varepsilon_i) + \bar{\theta}^2 \text{var}(\gamma) + \text{var}(z)} q_i\end{aligned} \tag{7.18}$$

假設投機者在 ETF 市場的推測需求仍然為 $\bar{v}_i(\varepsilon_i) + \bar{\theta}(\gamma)$，那麼 ETF 市場的做市商在時點 1 的價格為：

$$P_{e,1} = \frac{\text{cov}(\sum_{i=1}^{N} w_i(\varepsilon_i + b_i\gamma), \sum_{j=1}^{N}(\bar{v}_i\varepsilon_i + \bar{\theta}\gamma) + z_e)}{\text{var}(\sum_{j=1}^{N}(\bar{v}_i\varepsilon_i + \bar{\theta}\gamma) + z_e)} q_e$$

$$= \frac{\sum_{i=1}^{N} w_i(\bar{v}_i\text{var}(\varepsilon_i) + b_i\bar{\theta}\text{var}(\gamma))}{\sum_{j=1}^{N}(\bar{v}_i^2\text{var}(\varepsilon_i) + N^2\bar{\theta}\text{var}(\gamma) + \text{var}(z_e))} q_e \quad (7.19)$$

在觀測到本市場訂單流的基礎上，做市商 i 可以形成其他市場訂單流的預期，計算如下：

$$E_i[q_e - \sum_{j=1, j\neq i}^{N} q_j \mid q_i] = \frac{\text{cov}(q_e - \sum_{j=1, j\neq i}^{N} q_j, q_i)}{\text{var}(q_i)} q_i$$

$$= \frac{\bar{v}_i^2\text{var}(\varepsilon_i) + \bar{\theta}^2\text{var}(\gamma)}{\text{var}(\bar{v}_i\varepsilon_i + \bar{\theta}\gamma) + \text{var}(z)} q_i \quad (7.20)$$

同樣地，ETF 市場的做市商對標的市場訂單流的預期為：

$$E_e[\sum_{j=1}^{N} q_j \mid q_e] = \frac{\text{cov}(\sum_{j=1}^{N} q_j, q_e)}{\text{var}(q_e)} q_e$$

$$= \frac{\sum_{i=1}^{N} \bar{v}_i^2\text{var}(\varepsilon_i) + \bar{\theta}^2\text{var}(\gamma)}{\text{var}(\sum_{i=1}^{N} \bar{v}_i\varepsilon_i + N\bar{\theta}\gamma) + \text{var}(z_e)} q_e \quad (7.21)$$

在時點 1 交易以后，做市商知道其他市場的價格變化，他們推測其他市場的實際訂單流。將實際訂單流與預期訂單流進行對比，他們在時點 2 更新價格，公式如下：

$$P_{i,2} = P_{i,1} + \frac{\text{cov}(\varepsilon_i + b_i\gamma, q_e - \sum_{j\neq i}^{N} q_j)}{\text{var}(q_e - \sum_{j\neq i}^{N} q_j \mid q_i)} (q_e - \sum_{j=1, j\neq i}^{N} q_j - E[q_e - \sum_{j=1, j\neq i}^{N} q_j \mid q_i]) \quad (7.22)$$

化簡得：

$$P_{i,2} = \frac{\bar{v}_i\text{var}(\varepsilon_i) + b_i\bar{\theta}\text{var}(\gamma)}{2\bar{v}_i^2\text{var}(\varepsilon_i) + 2\bar{\theta}^2\text{var}(\gamma) + \text{var}(z)} (q_i + q_e - \sum_{j=1, j\neq i}^{N} q_j) \quad (7.23)$$

同樣地，ETF 市場做市商在時點 2 將價格更新如下：

$$P_{e,2} = P_{e,1} + \frac{\text{cov}(\sum_{j=1}^{N} w_j(\varepsilon_j + b_j\gamma), \sum_{j=1}^{N} z_j)}{\text{var}(\sum_{j=1}^{N} q_j \mid q_e)} (\sum_{j=1}^{N} q_j - E[\sum_{j=1}^{N} q_j \mid q_e])$$

(7.24)

化簡得：

$$P_{e,2} = \frac{\sum_{j=1}^{N} w_j \bar{v}_j \text{var}(\varepsilon_j) + N\bar{\theta}(\sum_{j=1}^{N} w_j b_j)\text{var}(\gamma)}{\sum_{j=1}^{N} \bar{v}_j^2 \text{var}(\varepsilon_j) + N^2 \bar{\theta}^2 \text{var}(\gamma) + \text{var}(z_e)/2} (\frac{q_e + \sum_{j=1}^{N} q_j}{2})$$

(7.25)

將時點 1 和時點 2 的價格，代入投機者的目標函數 (7.17)，並求解方程，可得投機者最優短期交易的資產權重。

投機者會對比長期和短期交易策略的盈利。如果他們預期短期交易策略的盈利會更高，那麼在時點 2 他們就會結清頭寸，在資產最終價值實現之前離開市場。根據以上描述，實行短期交易策略時，所有的投機者利用同樣的市場信息進行交易。Froot 等 (1992) 指出，在羊群行為均衡中，資產價格並不能反應基本面信息，而且通常福利效率低下。在我們的模型中，當投機者持有資產至時點 3 時，投機者會基於異質信息和市場信息進行權重配置。但是，當投機者在時點 2 結清頭寸時，最優權重的選擇卻是偏離基本面價值的。

性質 6（羊群行為均衡） 若所有的投機者都使用短期交易策略，那麼所有的投機者都將使用同樣的市場信息來決定他們的訂單規模。這個均衡的訂單規模為 $\bar{\theta}\gamma$，其中 $\bar{\theta} = \sqrt{\text{var}(z)/\text{var}(\gamma)}$。均衡的做市商價格由式 (7.18)、(7.19)、(7.23)、(7.25) 給出。

對於投機者而言，當 ε_i 和 γ 滿足式 (7.26) 時，短期預期盈利將高於長期預期盈利：

$$\frac{(\varepsilon_i + b_i\gamma)^2}{\gamma^2} \leq \frac{b_i}{3}\sqrt{\frac{\text{var}(\varepsilon_i) + b_i^2\text{var}(\gamma)}{\text{var}(\gamma)}}$$

(7.26)

性質 6 的動態價格形成過程與 Kyle (1985) 的研究存在極大差異。在某種意義上說，羊群均衡中的投機者行為與凱恩斯選美競賽選手行為類似。在我們的框架下，由於可以在 ETF 市場和標的市場之間進行學習，因此短期交易策略是盈利的。標的市場 i 的投機者提高系統性因子

的權重會對 ETF 在時點 2 的價格產生更強的效應（因為 ETF 做市商會學習標的市場的信息，進而更新信念），這又導致 ETF 投機者提高系統性因子的權重。一旦標的市場的做市商對 ETF 價格進行學習，市場 j 的投機者就會提高系統性因子的權重。這一過程不斷地重複下去，直至證券市場達到一種均衡狀態，此時所有投機者的異質信息的權重為 0。

7.2.4　結論與政策含義

目前全球香草型 ETF 即傳統 ETF 發展態勢良好、市場運作平穩、交投活躍，尚未出現重大危險事件，也沒有被證實影響金融體系穩定的案例。在流動性良好的市場裡，ETF 對標的市場的影響極小。在傳統型 ETF 市場規模不斷膨脹的同時，ETF 產品更多地向流動性差、透明度低的領域發展，一些基礎資產極其不流動的 ETF 不斷地被創造出來，市場規模不斷擴大，這些 ETF 對金融市場潛在的影響在近期受到世界各國監管層的關注。

假設信息交易者可同時在 ETF 和標的資產市場上交易。由於基礎資產不能交易或交易不同步，因此，ETF 的價格就為做市商進行標的資產報價提供了先驗信息。但是，做市商在對 ETF 信息進行學習時，並不能區別哪些信息與標的資產相關，哪些信息與標的資產不相關。這就有可能造成一個與標的資產不相關的衝擊通過 ETF 市場傳導至其他資產，從而造成標的資產之間的聯動性加強。

我們證明了 ETF 交易加快了標的資產價格向基本面價值收斂，但又造成了單個證券偏離了其基本價值。另外，當 ETF 市場做市商不能通過套利機制（有限套利）同步修正價格時，ETF 和標的市場的做市商會根據各自市場的訂單流設定初始價格，再根據各自所觀測到的其他市場價格信息進行修正。交錯的信息使得市場投機者使用短期交易策略，而不是等到資產價格收斂到資產價值時才進行交易。當所有市場的投機者都使用相同的信息進行交易時，價格信息就可以預測，短期交易策略形成一個均衡，投機者出現羊群行為。相同的信息與系統性因子相關，原因在於系統性因子影響了所有的資產和所有的投機者。

本書的研究結論說明：非基本面的衝擊會通過 ETF 進行傳導。做市商通過 ETF 價格獲取標的資產信息，這意味著標的資產市場和 ETF 市場信息都會影響標的資產的價格。也就是說，即使標的市場的基本面

並沒有發生變化，ETF市場的波動也會傳遞至標的資產。另外，我們發現，ETF會導致單個資產持續偏離其基本面；資產的貝塔系數越高、在ETF裡的權重越大，這種偏離就越大。

本書的研究為監管者進行監管決策提供以下三點啟發：第一，提高標的資產的信息透明度，從而降低市場之間的信息差異；第二，允許低貝塔系數的股票進入一攬子股票，從而降低噪聲傳遞的可能性；第三，提高基礎資產的流動性。

附錄7.1　性質1、5、6的證明

性質1的證明：

假設一個ETF市場的投機者，跟蹤市場i，猜想一個跟蹤市場j的信息投機者的需求為$x_{ej} = w_j \nu \varepsilon_j + \theta_e \gamma, \forall j \neq i$。令

$$E[P_{e,1}] = \lambda_e (x' + \gamma \theta (N-1))$$

$$x = \mathrm{argmax}_{x'} x'(\varepsilon_i w_i + \gamma \sum_{j=1}^{N} w_j b_j) - x'(\lambda_e (x' + \gamma \theta (N-1)))$$

解得：

$$x = \frac{\varepsilon_i w_i + \gamma \sum_{j=1}^{N} w_j b_j}{2\lambda_e} - \frac{\theta(N-1)\gamma}{2}$$

$$\lambda_e = \frac{\mathrm{cov}(\sum_{j=1}^{N} \varepsilon_i w_i + \gamma \sum_{j=1}^{N} w_j b_j, q_e)}{\mathrm{var}(q_e)}$$

$$= \frac{v_e \sum_{j=1}^{N} w_i^2 \mathrm{var}(\varepsilon_i) + \mathrm{var}(\gamma) N \theta_e \sum_{j=1}^{N} w_j b_j}{v_e^2 \sum_{j=1}^{N} w_i^2 \mathrm{var}(\varepsilon_i) + N^2 \theta_e^2 \mathrm{var}(\gamma) + \mathrm{var}(z_e)}$$

$$w_i(z_e + \sum_{j=1}^{N}(v_e w_j \varepsilon_j + \theta_e \gamma))$$

性質5的證明：

$$\mathrm{var}(\varepsilon_i + b_i \gamma \mid P_{e,1} - P_{e,0}) = \mathrm{var}(\varepsilon_i + b_i \gamma) - \frac{\mathrm{cov}^2(\varepsilon_i + b_i \gamma, w_i z_e + w_i \sum_{j=1}^{N}(v_e w_j \varepsilon_j + \theta_e \gamma))}{\mathrm{var}(w_i z_e + w_i \sum_{j=1}^{N}(v_e w_j \varepsilon_j + \theta_e \gamma))}$$

因此，

$$\text{cov}^2(\varepsilon_i + b_i\gamma, w_i z_e + w_i \sum_{j=1}^{N}(v_e w_j \varepsilon_j + \theta_e \gamma))$$
$$= \text{E}_i[(\varepsilon_i + b_i\gamma)(w_i z_e + w_i \sum_{j=1}^{N}(v_e w_j \varepsilon_j + \theta_e \gamma))]$$
$$= \text{E}_i(w_i^2 v_e \varepsilon_i^2 + N\theta_e b_i w_i \gamma^2)$$
$$= w_i^2 v_e \text{var}(\varepsilon_i) + N\theta_e b_i w_i \text{var}(\gamma)$$
$$\text{var}(w_i z_e + w_i \sum_{j=1}^{N}(v_e w_j \varepsilon_j + \theta_e \gamma)) = w_i^2(\text{var}(z_e) + v_e^2 \sum_{j=1}^{N} w_j^2 \text{var}(\varepsilon_j) + N^2 \theta_e^2 \text{var}(\gamma))$$

性質 6 的證明：

$$\lambda_{e,1} = \frac{\sum_{i=1}^{N} w_i(\bar{v}_i \text{var}(\varepsilon_i) + b_i \bar{\theta} \text{var}(\gamma))}{\sum_{i=1}^{N} \bar{v}_i^2 \text{var}(\varepsilon_i) + N^2 \bar{\theta}^2 \text{var}(\gamma) + \text{var}(z_e)}$$

$$\lambda_{e,2} = \frac{\sum_{i=1}^{N} w_i \bar{v}_i \text{var}(\varepsilon_i) + N\bar{\theta}(\sum_{i=1}^{N} w_i b_i) \text{var}(\gamma)}{\sum_{i=1}^{N} \bar{v}_i^2 \text{var}(\varepsilon_i) + N^2 \bar{\theta}^2 \text{var}(\gamma) + \text{var}(z_e)/2}$$

$$x = \text{argmax}_{x'} x'(\frac{\lambda_{e,2}}{2}(x' + \gamma(N-1)\bar{\theta} + \bar{v}_j \varepsilon_i + \gamma N\bar{\theta})) - x'(\lambda_{e,1}(x' + (N-1)\bar{\theta}))$$

$$\bar{\theta}_\gamma = \frac{\bar{\theta}_\gamma((N-1)\lambda_{e,2} + \lambda_{e,2}/2 - (N-1)\lambda_{e,1})}{2\lambda_{e,1} - \lambda_{e,2}}$$

$$\bar{\theta} = \sqrt{\text{var}(z)/\text{var}(\gamma)}$$

$$\text{E}_{ei}[\pi_s] = \text{E}_{ei}[P_{e,2} - P_{e,1}] \frac{sd(z)}{sd(\gamma)}\gamma$$

$$\text{E}_{ei}[\pi_s] = \frac{\text{cov}(\sum_{i=1}^{N} w_i(\varepsilon_i + b_i\gamma), \sum_{j=1}^{N} z_j)}{\text{var}(\sum_{j=1}^{N} q_j \mid q_e)}(\sum_{j=1}^{N} q_j - \text{E}[\sum_{j=1}^{N} q_j \mid q_e])\frac{sd(z)}{sd(\gamma)}\gamma$$

$$= \frac{\bar{\theta}N(\sum_{i=1}^{N} b_i w_i)\text{var}(\gamma)}{2N^2 \bar{\theta}^2 \text{var}(\gamma) + \text{var}(z_e)} N\bar{\theta}\gamma(\frac{\text{var}(\gamma)}{N^2 \bar{\theta}^2 \text{var}(\gamma) + \text{var}(z_e)})\frac{sd(z)}{sd(\gamma)}\gamma$$

$$= \frac{sd(z)}{sd(\gamma)} \frac{N(\sum_{i=1}^{N} w_i b_i)}{(2N+1)(N+1)}\gamma^2$$

$$E_i[\pi_s] = E_i[P_{i,2} - P_{i,1}]\frac{sd(z)}{sd(\gamma)}\gamma$$

$$= \frac{\text{cov}(\varepsilon_i + b_i\gamma, q_e - \sum_{j\neq i}q_j)}{\text{var}(q_e - \sum_{j\neq i}q_j \mid q_i)}(q_e - \sum_{j\neq i}q_j - E[q_e - \sum_{j\neq i}q_j \mid q_i])\frac{sd(z)}{sd(\gamma)}\gamma$$

$$= \frac{\bar{\theta}b_i \text{var}(\gamma)}{2\bar{\theta}^2\text{var}(\gamma) + \text{var}(z)}\bar{\theta}\gamma(\frac{\text{var}(\gamma)}{N^2\bar{\theta}^2\text{var}(\gamma) + \text{var}(z_e)})\frac{sd(z)}{sd(\gamma)}\gamma$$

$$= \frac{sd(z)}{sd(\gamma)}\frac{b_i}{6}\gamma^2$$

$$E_{ei}[\pi_l] = E_{ei}[P_{e,3} - P_{e,1}](\bar{v}_i\varepsilon_i + \bar{\theta}\gamma)$$

$$= (\varepsilon_i + \sum_{i=1}^{N}b_i\gamma - \lambda_{e,1}(\bar{v}_i\varepsilon_i + N\bar{\theta}\gamma))(\bar{v}_i\varepsilon_i + \bar{\theta}\gamma)$$

$$= (\frac{\varepsilon_i}{2} + \gamma(\sum_{i=1}^{N}b_i - \frac{N\sum_{i=1}^{N}b_iw_i}{N+1}))(\frac{\varepsilon_i}{2} + \frac{\sum_{i=1}^{N}b_iw_i}{N+1}\gamma)\frac{1}{\lambda_{e,1}}$$

$$E_i[\pi_l] = E_i[P_{i,3} - P_{i,1}](\bar{v}_i\varepsilon_i + \bar{\theta}\gamma)$$

$$= (\varepsilon_i + b_i\gamma - \lambda_{i,1}(\bar{v}_i\varepsilon_i + \bar{\theta}\gamma))(\bar{v}_i\varepsilon_i + \bar{\theta}\gamma)$$

$$= (\varepsilon_i + b_i\gamma)^2 \frac{1}{4\lambda_{i,1}}$$

附錄 7.2　羊群行為的概率證明

$$-(\frac{b_i}{3})^{1/2}(\frac{\sigma_\varepsilon^2 + b_i^2\sigma_\gamma^2}{\sigma_\gamma^2})^{1/4} - b_i \leq \frac{\varepsilon_i}{\gamma} \leq (\frac{b_i}{3})^{1/2}(\frac{\sigma_\varepsilon^2 + b_i^2\sigma_\gamma^2}{\sigma_\gamma^2})^{1/4} - b_i$$

對 $-\infty < x < \infty$,

$$P[\frac{\varepsilon_i}{\gamma} \leq x] = E[P(\varepsilon_i \leq \gamma x \mid \gamma)1_{\gamma>0} + P(\varepsilon_i \geq \gamma x \mid \gamma)1_{\gamma<0}]$$

$$= \int_0^\infty \Phi_\gamma(u)\int_{-\infty}^{ux}\Phi_\varepsilon(y)dy du + \int_{-\infty}^0 \Phi_\gamma(u)\int_{ux}^\infty \Phi_\varepsilon(y)dy du$$

因此,

$$\frac{d}{dx}P[\frac{\varepsilon_i}{\gamma} \leq x] = \int_0^\infty \Phi_\gamma(u) u \Phi_\varepsilon(ux) du - \int_{-\infty}^0 \Phi_\gamma(u) u \Phi_\varepsilon(ux) du$$

$$= \frac{1}{\pi \sigma_\gamma \sigma_\varepsilon} \int_0^\infty e^{\frac{-u^2}{2}(\frac{1}{\sigma_\gamma^2} + \frac{x^2}{\sigma_\varepsilon^2})} du = \frac{\sigma_\varepsilon/\sigma_\gamma}{\pi(\sigma_\varepsilon^2/\sigma_\gamma^2 + x^2)}$$

令 $k_i = (\frac{b_i}{3})^{1/2} (\frac{\sigma_\varepsilon^2 + b_i^2 \sigma_\gamma^2}{\sigma_\gamma^2})^{1/4}$，則從上述公式可得羊群行為的概率為：

$$\frac{\sigma_\varepsilon/\sigma_\gamma}{\pi} \int_{-k_i-b_i}^{k_i-b_i} \frac{1}{(\sigma_\varepsilon^2/\sigma_\gamma^2 + x^2)} dx = \frac{1}{\pi}(\tan^{-1}(\sigma_\varepsilon/\sigma_\gamma(k_i - b_i)) - \tan^{-1}(\sigma_\varepsilon/\sigma_\gamma(k_i - b_i)))$$

對給定的 σ_ε、σ_γ 和 b_i，根據上式就可以算出羊群行為發生的概率。例如，當 $\sigma_\varepsilon^2 = 8b_i^2 \sigma_\gamma^2$ 時，可算出羊群行為發生的概率為 $\tan^{-1}(\frac{1}{8b_i})$。

8 主要研究結論與展望

8.1 主要研究結論

本書分析了全球及中國 ETF 市場的發展現狀，建立各種實證分析模型探討中國 ETF 市場的市場功能，以及 ETF 交易對現貨市場的影響；並對全球新型 ETF 產品發展所產生的系統性風險隱憂進行分析，建立理論模型分析基礎資產不流動性的 ETF 產品對金融市場脆弱性的影響。本書的主要結論有：

（1）ETF 在全球創新性金融產品中最受矚目，市場規模增長迅速，產品種類範圍廣泛。目前，全球 ETF 市場的地區集中度極高。美國在全球 ETF 市場一家獨大，緊接其后是歐洲。全球 ETF 市場寡頭壟斷格局明顯，標的指數集中度高。在傳統型 ETF 市場規模不斷膨脹的同時，全球 ETF 市場不斷推陳出新，創新產品層出不窮，相繼出現了槓桿和反向 ETF、合成 ETF、聰明貝塔 ETF 等，其中聰明貝塔 ETF 近年來獨領風騷，2015 年更是紅極一時。

（2）經過十餘年來的發展，中國 ETF 市場已經渡過起步期進入快速發展時期，ETF 數量和資產總值快速增加，ETF 產品日益多樣化，交易活躍程度也有了一定的進步。截至 2015 年 12 月，滬深兩市共有 113 只 ETF，規模達 2,022 億元，追蹤的標的指數涵蓋全市場股票指數、行業股票指數、債券指數、商品指數、境外股票指數等。ETF 已成為中國投資者進行指數投資的主要金融工具。但中國的 ETF 市場存在產品同質化嚴重和內生流動性不足等顯著缺陷，未來中國應該進一步加大指數

和 ETF 產品的創新；加強市場基礎設施和強化風險控制；加大指數化投資宣傳和投資者教育；拓展境外 ETF 產品創新，努力提升以 A 股為標的的 ETF 產品的國際競爭力。

（3）從淨值延遲和套利速度兩個維度對中國 ETF 的定價效率的實證結果表明：與美國市場相比，中國 ETF 市場淨值延遲定價程度較高，套利速度較慢；中國 ETF 定價效率較低，股票型 ETF 的定價效率優於債券型 ETF。這與中國 ETF 市場流動性較差有較大關係。

（4）中國 ETF 市場經過多年的發展，ETF 市場與現貨指數市場之間已形成了良好的互動關係。上證 50ETF、創業板 ETF、中小板 ETF 這三只 ETF 的價格和現貨指數價格之間存在長期均衡關係和短期的雙向引導關係；滬深 300ETF 在滬深 300ETF 與其指數的價格發現中起主導作用。除滬深 300ETF 外，其他三只 ETF 市場存在顯著的槓桿效應，現貨指數市場的新信息對 ETF 市場具有正向的衝擊。滬深 300ETF 和創業板 ETF 對現貨指數的波動具有顯著影響。

（5）傳統股票型指數基金與股票型 ETF 存在替代關係，股票型 ETF 淨現金流的增長會降低傳統股票型指數基金淨現金流流入，反之亦然；但二者並非完美替代，ETF 並不能完全取代指數基金。

（6）ETF 的一級市場流動性與基金的淨現金流流入正相關，一級市場流動性越好，基金淨流入越大。ETF 二級市場收益率與基金淨現金流流入負相關，ETF 表現越好，基金淨現金流流入就越少。市場流動性短期內會對基金淨現金流流入產生影響，中期基本沒有影響，長期有一些影響。相比於個人投資者，一級市場流動性對機構投資者更為重要，而且一級市場流動性會影響機構投資者持有基金的比例，但 ETF 二級市場和成份股二級市場的流動性不會影響機構投資者持有比例。

（7）ETF 交易對成份股存在顯著的波動溢出效應，但成份股對 ETF 的溢出效應強於 ETF 對成份股的溢出效應；ETF 對成份股的波動溢出指數具有明顯的波動特徵，但成份股對 ETF 的溢出指數比較穩定。ETF 與成份股雙向的波動溢出在時間上具有較強的持續性，市值、ETF 與成份股的流動性差異是造成 ETF 向成份股波動溢出的原因，而折溢價率是造成成份股向 ETF 波動傳導的原因。

（8）對指數化交易與現貨市場的關聯的分析結果表明，指數化產品規模增大與股票市場風險指標存在正相關關係。進一步針對 ETF 的

分析表明，ETF一級市場的申購贖回強度以及二級市場中的換手率均與成份股之間的相關係數正相關。實證結果表明，指數化交易雖然提高了成份股的活躍性，但同時也增加了現貨市場的聯動性，這在一定程度上降低了分散化投資的收益。

(9) ETF與標的資產之間跨市場的信息傳遞理論模型結果表明：當標的資產難於交易時，信息交易者會優先選擇在ETF市場交易。而標的資產市場的做市商通過觀測ETF市場的價格，進而修正標的資產的價格。然而這種學習機制並不完美，做市商在利用相關信息的同時也利用了與標的資產價格無關的信息。這導致了非基本面衝擊的傳染效應，從而造成了市場不穩定。而且，如果做市商不能同時修正他們的價格，跨市場的學習行為會造成投機者的羊群行為，即所有的投機者使用同樣的市場信息進行同一方向的交易。

8.2 展望

本書的研究具有很強的現實意義。本書認為，在可預見的未來，中國ETF市場規模會越來越大，ETF產品種類會更加豐富，各類新型ETF產品如槓桿ETF、聰明貝塔ETF推出的可能性極大，特別是綠色金融指數以及綠色金融指數化產品更是未來ETF市場發展的一大藍海。而目前學界對中國ETF市場發展認識不足，相關的研究少之又少。本書從多個視角對中國ETF市場發展狀況進行審視，對全球ETF市場以及中國ETF市場發展現狀的分析，有利於投資者更全面地瞭解當前ETF市場的發展概況；本書對新型ETF產品如槓桿ETF、合成ETF的風險的分析，以及對基礎資產不流動的ETF產品的潛在系統性風險分析，可以為中國后續ETF產品的推出、監管提供經驗借鑑和相關參考；本書對中國ETF市場發展功能的分析以及ETF交易對現貨市場的影響等多個維度的分析，有利於投資者、監管者更好地認識ETF市場運行狀況。但仍有許多值得進一步研究的問題。

第一，本書的實證研究都是從全市場層面、日度或月度數據對ETF市場效率、交易行為進行研究。然而，機構投資者和個人投資者的行為

8 主要研究結論與展望

模式存在很大的差別，后續可利用更詳細的帳戶級數據，對 ETF 市場機構投資者、個人投資者的行為模型進行研究，分析不同的投資者結構對 ETF 市場定價效率和市場發展的影響。

第二，未來可在本書大量數據分析的基礎上，分析、構建不同的 ETF 套利模型，比較不同的套利機制之間的優劣性及其對市場的衝擊效應。

第三，本書的研究側重於 ETF 市場以及 ETF 與指數之間的關係，然而 ETF 與股指期貨之間存在千絲萬縷的關係，未來可以將指數期貨、ETF、指數標的市場納入統一的研究框架，對這三者之間的關係以及市場微觀結構進行進一步的研究。

第四，目前 A 股衍生產品最為完備的上證 50 指數、上證 50ETF、上證 50 指數期貨、50ETF 期權，這些 50 指數衍生產品的價格發現功能如何，信息傳遞效率如何，套保機制是怎樣的，本書還沒有展開分析。而對這些問題的分析，對中國未來進一步完善指數類衍生證券具有重要的指導意義。因此，未來可以重點對上證 50 指數的相關產品體系進行系統性的研究。

ETF 是指數化產品最為重要的一員，目前中國學者對它的研究還比較少，相關的指數化研究還是一個比較新的領域。對此領域研究的深入，可以幫助研究者更好地瞭解中國指數化產品市場的運行及功能的發揮，加強中國指數化產品市場的建設。本書對 ETF 市場的研究可以為中國指數化產品市場健康、有序的發展提供更多的理論基礎和政策設計支持。

附錄

附錄1 中國上市ETF基本信息

基金類型	上市交易所	基金代碼	基金名稱	跟蹤指數	基金管理公司	成立時間
規模38	上交所23	510020	博時上證超大ETF	上證超級大盤指數（000043）	博時基金	2009-12-29
		510050	華夏上證50ETF	上證50指數（000016）	華夏基金	2004-12-01
		510130	易方達上證中盤ETF	上證中盤指數（000044）	易方達基金	2010-03-29
		510180	華安上證180ETF	上證180指數（000010）	華安基金	2006-04-13
		510210	富國上證綜指ETF	上證綜合指數（000001）	富國基金	2011-01-30
		510220	華泰柏瑞中小ETF	上證中小盤指數（000046）	華泰柏瑞基金	2011-01-26
		510210	富國上證綜指ETF	上證綜合指數（000001）	富國基金	2011-01-30
		510220	華泰柏瑞中小ETF	上證中小盤指數（000046）	華泰柏瑞基金	2011-01-26
		510290	南方上證380ETF	上證380指數（000009）	南方基金	2011-09-16
		510300	華泰柏瑞300ETF	滬深300指數（000300）	華泰柏瑞基金	2012-05-04
		510310	易方達滬深300ETF	滬深300指數（000300）	易方達基金	2013-03-06

表(續)

基金類型	上市交易所	基金代碼	基金名稱	跟蹤指數	基金管理公司	成立時間
規模 38	上交所 23	510330	華夏滬深 300 ETF	滬深 300 指數（000300）	華夏基金	2012-12-25
		510360	廣發滬深 300 ETF	滬深 300 指數（000300）	廣發基金	2015-08-30
		510500	中證 500 ETF	中證 500 指數（000905）	南方基金	2013-02-06
		510510	廣發 500 ETF	中證 500 指數（000905）	廣發基金	2013-04-11
		510520	諾安中證 500 ETF	中證 500 指數（000905）	諾安基金	2014-02-07
		510560	國壽中證 500 ETF	中證 500 指數（000905）	國壽安保基金	2015-05-29
		510580	易方達中證 500ETF	中證 500 指數（000905）	易方達基金	2015-08-27
		510680	萬家上證 50 ETF	上證 50 指數（000016）	萬家基金	2013-10-31
		510710	博時上證 50 ETF	上證 50 指數（000016）	博時基金	2015-05-27
		512100	南方中證 1000ETF	中證 1000 指數（000852）	南方基金	2016-09-29
		512500	華夏中證 500 ETF	中證 500 指數（000905）	華夏基金	2015-05-05
		512510	華泰柏瑞中證 500ETF	中證 500 指數（000905）	華泰柏瑞基金	2015-05-13
	深交所 15	159901	易方達深證 100ETF	深證 100 價格指數（399330）	易方達基金	2006-03-24
		159902	華夏中小板 ETF	中小企業板價格指數（399005）	華夏基金	2006-06-08
		159903	南方深成 ETF	深證成份指數（399001）	南方基金	2009-12-04
		159907	廣發中小 300 ETF	中小板 300 價格指數（399008）	廣發基金	2011-06-03
		159912	匯添富深 300 ETF	深證 300 指數（399007）	匯添富基金	2011-09-16
		159915	易方達創業板 ETF	創業板指數（399006）	易方達基金	2011-09-20

137

表(續)

基金類型	上市交易所	基金代碼	基金名稱	跟蹤指數	基金管理公司	成立時間
規模 38	深交所 15	159918	嘉實中創 400 ETF	中創 400 指數（399624）	嘉實基金	2012-03-22
		159919	嘉實滬深 300 ETF	滬深 300 指數（000300）	嘉實基金	2012-05-07
		159922	嘉實中證 500 ETF	中證 500 指數（000905）	嘉實基金	2013-02-06
		159923	大成中證 100 ETF	中證 100 指數（000903）	大成基金	2013-02-07
		159925	南方滬深 300 ETF	滬深 300 指數（000300）	南方基金	2013-02-18
		159927	鵬華滬深 300 ETF	滬深 300 指數（000300）	鵬華基金	2013-07-19
		159935	景順長城中證 500ETF	中證 500 指數（000905）	景順長城基金	2013-12-26
		159942	華潤元大中創 100ETF	中創 100 指數（399612）	華潤元大基金	2016-05-25
		159943	大成深圳 ETF	深圳成指（399001）	大成基金	2015-06-05
行業 28	上交所 16	510630	華夏消費行業 ETF	上證主要消費行業指數（000036）	華夏基金	2013-03-28
		510650	華夏金融行業 ETF	上證金融地產行業指數（000038）	華夏基金	2013-03-28
		510660	華夏醫藥行業 ETF	上證醫藥衛生行業指數（000037）	華夏基金	2013-03-28
		512000	華寶興業券商 ETF	中證全指證券公司指數（399975）	華寶興業基金	2016-08-30
		512010	易方達滬深 300 醫藥 ETF	滬深 300 醫藥衛生指數（000913）	易方達基金	2013-09-23
		512120	華安中證細分醫藥 ETF	細分醫藥（000814）	華安基金	2013-12-04
		512210	景順長城中證 800 食品飲料 ETF	800 食品（H30021）	景順長城基金	2014-07-18
		512230	景順長城中證醫藥衛生 ETF	中證醫藥（000933）	景順長城基金	2014-07-18
		512300	南方中證 500 醫藥衛生 ETF	中證 500 醫藥衛生指數（H30255）	南方基金	2014-07-30

表(續)

基金類型	上市交易所	基金代碼	基金名稱	跟蹤指數	基金管理公司	成立時間
行業 28	上交所 16	512310	南方中證 500 工業 ETF	中證 500 工業指數（h30252）	南方基金	2015-04-08
		512330	南方中證 500 信息 ETF	中證 500 信息技術指數（h30257）	南方基金	2015-06-29
		512340	南方中證 500 原料 ETF	中證 500 材料指數（h30251）	南方基金	2015-04-16
		512600	嘉實中證主要消費 ETF	中證消費（000932）	嘉實基金	2014-06-13
		512610	嘉實中證醫藥衛生 ETF	中證醫藥（000933）	嘉實基金	2014-06-13
		512640	嘉實中證金融地產 ETF	中證金融（000934）	嘉實基金	2014-06-20
		512880	國泰證券 ETF	中證全指證券公司指數（399975）	國泰基金	2017-07-26
	深交所 12	159928	匯添富中證主要消費 ETF	中證主要消費指數（399932）	匯添富基金	2013-08-23
		159929	匯添富中證醫藥衛生 ETF	中證醫藥衛生指數（399933）	匯添富基金	2013-08-23
		159930	匯添富中證能源 ETF	中證能源指數（399928）	匯添富基金	2013-08-23
		159931	匯添富中證金融地產 ETF	中證金融地產指數（399934）	匯添富基金	2013-08-23
		159933	國投瑞銀金融地產 ETF	滬深 300 金融地產指數（000914）	國投瑞銀基金	2013-09-17
		159936	廣發中證全指消費 ETF	中證全指可選（000989）	廣發基金	2014-06-03
		159938	廣發中證醫藥衛生 ETF	中證全指醫藥衛生指數（000991）	廣發基金	2014-12-01
		159939	廣發信息技術 ETF	中證全指信息技術指數（000993）	廣發基金	2014-12-15
		159940	廣發全指金融 ETF	中證全指金融地產指數（000992）	廣發基金	2015-03-23
		159944	廣發全指材料 ETF	中證全指材料指數（000987）	廣發基金	2015-06-25
		159945	廣發全指能源 ETF	中證全指能源指數（000986）	廣發基金	2015-06-25
		159946	廣發全指消費 ETF	中證全指消費指數（000990）	廣發基金	2015-07-01

表(續)

基金類型	上市交易所	基金代碼	基金名稱	跟蹤指數	基金管理公司	成立時間
主題 29	上交所 24	510010	交銀施羅德治理	上證180公司治理指數(000021)	交銀施羅德基金	2009-09-25
		510060	工銀瑞信央企ETF	上證央企50指數(000042)	工銀瑞信基金	2009-08-26
		510070	鵬華上證民營ETF	上證民營企業50指數(000049)	鵬華基金	2010-08-05
		510090	建信責任ETF	上證社會責任指數(000048)	建信基金	2010-05-28
		510110	海富通上證週期ETF	上證週期行業50指數(000063)	海富通基金	2010-09-19
		510120	海富通上證非週期ETF	上證非週期行業100指數(000064)	海富通基金	2011-04-22
		510150	招商上證消費ETF	上證消費80指數(000069)	招商基金	2010-12-09
		510160	南方小康ETF	中證南方小康產業指數(000901)	南方基金	2010-08-27
		510170	國聯安上證商品ETF	上證大宗商品股票指數(000066)	國聯安基金	2010-11-26
		510190	華安上證龍頭ETF	上證龍頭企業指數(000065)	華安基金	2010-11-18
		510230	國泰上證金融ETF	上證180金融股指數(000018)	國泰基金	2011-03-31
		510260	諾安上證新型ETF	上證新興產業指數(000067)	諾安基金	2011-04-07
		510270	中銀國企ETF	上證國有企業100指數(000056)	中銀基金	2011-06-16
		510410	博時上證資源ETF	上證自然資源指數(000068)	博時基金	2012-04-10
		510440	大成500滬市ETF	中證500滬市指數(000802)	大成基金	2012-08-24
		510700	長盛百強ETF	上證市值百強指數(000155)	長盛基金	2013-04-24
		510810	匯添富上證國企ETF	上海國企指數(950096)	匯添富基金	2016-07-28
		510880	華泰柏瑞紅利ETF	上證紅利指數(000015)	華泰柏瑞基金	2006-11-17

140

表(續)

基金類型	上市交易所	基金代碼	基金名稱	跟蹤指數	基金管理公司	成立時間
主題 29	上交所 24	512070	易方達 300 非銀 ETF	300 非銀（H30035）	易方達基金	2014-06-26
		512120	華安中證細分醫藥 ETF	細分醫藥（000814）	華安基金	2013-12-04
		512220	景順長城 TMT ETF	TMT150（H30318）	景順長城基金	2014-07-18
		512660	國泰軍工 ETF	中證軍工指數（399967）	國泰基金	2016-07-26
		512680	廣發中證軍工 ETF	中證軍工指數（399967）	廣發基金	2016-08-30
		512810	華寶軍工行業 ETF	中證軍工指數（399967）	華寶興業基金	2016-08-05
	深交所 5	159905	工銀瑞信深紅利 ETF	深證紅利價格指數（399324）	工銀瑞信基金	2010-11-05
		159906	大成深證成長 40ETF	深證成長 40 價格指數（399326）	大成基金	2010-12-21
		159909	招商深證 TMTETF	深證 TMT50 指數（399610）	招商基金	2011-06-27
		159911	鵬華深證民營 ETF	深證民營價格指數（399337）	鵬華基金	2011-09-02
		159932	大成中證 500 ETF	中證 500 指數（399905）	大成基金	2013-09-12
風格 3	上交所 2	510030	華寶興業上證價值 ETF	上證 180 價值指數（000029）	華寶興業基金	2010-04-23
		510280	華寶興業上證成長 ETF	上證 180 成長指數（000028）	華寶興業基金	2011-08-04
	深交所 1	159913	交銀施羅德深價值 ETF	深證 300 價值價格指數（399348）	交銀施羅德基金	2011-09-22
策略 8	上交所 2	510420	景順長城 180 等權 ETF	上證 180 等權重數（000051）	景順長城基金	2012-06-12
		510430	銀華 50 等權重 ETF	上證 50 等權重指數（000050）	銀華基金	2012-08-23
	深交所 6	159908	博時深基本面 200ETF	深證基本面 200 指數（399703）	博時基金	2011-06-10
		159910	嘉實深基本面 120ETF	深證基本面 120 指數（399702）	嘉實基金	2011-08-01

表(續)

基金類型	上市交易所	基金代碼	基金名稱	跟蹤指數	基金管理公司	成立時間
策略 8	深交所 6	159916	建信深基本面60ETF	深證基本面60指數(399701)	建信基金	2011-09-08
		159921	諾安中小板等權重ETF	中小板等權重指數(399634)	諾安基金	2012-12-10
		159924	景順300等權ETF	滬深300等權重指數(000984)	景順長城基金	2013-05-07
		159926	華安創業板50ETF	創業板50指數(399673)	華安基金	2016-06-30
境外 8	上交所 6	510900	易方達恒生H股ETF	恒生中國企業指數	易方達基金	2012-08-09
		513600	南方恒生ETF	恒生指數	南方基金	2014-12-23
		513660	華夏滬港通恒生ETF	恒生指數	華夏基金	2014-12-23
		513100	國泰納指100ETF	納斯達克100指數	國泰基金	2013-04-25
		513500	博時標普500ETF	標普500指數	博時基金	2013-12-05
		513030	華安德國30ETF	德國DAX指數	華安基金	2014-08-08
	深交所 2	159920	華夏恒生ETF	恒生指數	華夏基金	2012-08-09
		159941	廣發納指100ETF	納斯達克100指數	廣發基金	2015-06-10

附錄2　美國上市的中國A股ETF列表

代碼	基金名稱	基金發行人	跟蹤標的	規模（美元）
FXI	iShares China Large-Cap ETF	BlackRock	Equity：China-Large Cap	39.6億
MCHI	iShares MSCI China ETF	BlackRock	Equity：China-Total Market	22.1億
GXC	SPDR S&P China ETF	State Street Global Advisors	Equity：China-Total Market	8.59億
ASHR	Deutsche X-trackers Harvest CSI 300 China A-Shares ETF	Deutsche Bank	Equity：China-Total Market	4.83億
KWEB	KraneShares CSI China Internet ETF	KraneShares	Equity：China Technology	2.65億
YINN	Direxion Daily FTSE China Bull 3X Shares	Direxion	Leveraged Equity：China-Large Cap	1.74億
PGJ	PowerShares Golden Dragon China Portfolio	Invesco PowerShares	Equity：China-Total Market	1.69億
HAO	Guggenheim China Small Cap ETF	Guggenheim	Equity：China-Small Cap	1.05億
CHAD	Direxion Daily CSI 300 China A Share Bear 1X Shares	Direxion	Inverse Equity：China-Total Market	8,726萬
CHIQ	Global X China Consumer ETF	Global X	Equity：China Consumer Cyclicals	7,620萬
PEK	VanEck Vectors ChinaAMC CSI 300 ETF	Van Eck	Equity：China-Total Market	6,737萬
CHAU	Direxion Daily CSI 300 China A Share Bull 2X Shares	Direxion	Leveraged Equity：China-Total Market	6,266萬
CQQQ	Guggenheim China Technology ETF	Guggenheim	Equity：China Technology	6,064萬

表(續)

代碼	基金名稱	基金發行人	跟蹤標的	規模（美元）
YANG	Direxion Daily FTSE China Bear 3X Shares	Direxion	Inverse Equity：China-Large Cap	5,876萬
TAO	Guggenheim China Real Estate ETF	Guggenheim	Equity：China Real Estate	5,741萬
CYB	WisdomTree Chinese Yuan Fund	WisdomTree	Currency：Chinese Renminbi	4,884萬
FXP	ProShares UltraShort FTSE China 50	ProShares	Inverse Equity：China-Large Cap	4,683萬
XPP	ProShares Ultra FTSE China 50	ProShares	Leveraged Equity：China-Large Cap	4,651萬
DSUM	Powershares Chinese Yuan Dim Sum Bond Portfolio	Invesco PowerShares	Fixed Income：China-Broad Market Intermediate	4,492萬
CNXT	VanEck Vectors ChinaAMC SME-ChiNext ETF	Van Eck	Equity：China-Extended Market	3,415萬
KBA	KraneShares Bosera MSCI China A Share ETF	KraneShares	Equity：China-Total Market	3,010萬
CHIX	Global X China Financials ETF	Global X	Equity：China Financials	2,955萬
ASHS	Deutsche X-trackers Harvest CSI 500 China-A Shares Small Cap ETF	Deutsche Bank	Equity：China-Small Cap	2,756萬
YAO	Guggenheim China All-Cap ETF	Guggenheim	Equity：China-Total Market	2,488萬
ECNS	iShares MSCI China Small-Cap ETF	BlackRock	Equity：China-Small Cap	2,044萬
KCNY	KraneShares E Fund China Commercial Paper ETF	KraneShares	Fixed Income：China-Government/Credit Investment Grade Ultra-Short Term	1,508萬
QQQC	Global X NASDAQ China Technology ETF	Global X	Equity：China Technology	1,468萬

表(續)

代碼	基金名稱	基金發行人	跟蹤標的	規模(美元)
CNY	Market Vectors Chinese Renminbi/USD ETN	Van Eck	Currency：Chinese Renminbi	1,090萬
YXI	ProShares Short FTSE China 50	ProShares	Inverse Equity：China-Large Cap	993萬
CNYA	iShares MSCI China A ETF	BlackRock	Equity：China-Total Market	905萬
CXSE	WisdomTree China ex-State-Owned Enterprises Fund	WisdomTree	Equity：China-Total Market	903萬
FXCH	CurrencyShares Chinese Renminbi Trust	Guggenheim	Currency：Chinese Renminbi	734萬
CBON	VanEck Vectors ChinaAMC China Bond ETF	Van Eck	Fixed Income：China-Government/Credit Investment Grade	712萬
AFTY	CSOP FTSE China A50 ETF	CSOP	Equity：China-Large Cap	607萬
CN	Deutsche X-trackers MSCI All China Equity ETF	Deutsche Bank	Equity：China-Total Market	473萬
FCA	First Trust China AlphaDEX Fund	First Trust	Equity：China-Total Market	416萬
CHII	Global X China Industrials ETF	Global X	Equity：China Industrials	387萬
KFYP	KraneShares Zacks New China ETF	KraneShares	Equity：China-Total Market	320萬
ASHX	Deutsche X-trackers CSI 300 China A-Shares Hedged Equity ETF	Deutsche Bank	Equity：China-Total Market	225萬
XINA	SPDR MSCI China A Shares IMI ETF	State Street Global Advisors	Equity：China-Total Market	215萬
CHIE	Global X China Energy ETF	Global X	Equity：China Energy	165萬
CHIM	Global X China Materials ETF	Global X	Equity：China Basic Materials	139萬

表(續)

代碼	基金名稱	基金發行人	跟蹤標的	規模（美元）
HAHA	CSOP China CSI 300 A-H Dynamic ETF	CSOP	Equity：China-Total Market	132萬
CNHX	CSOP MSCI China A International Hedged ETF	CSOP	Equity：China-Total Market	132萬

數據來源：www.etf.com 以及作者整理所得，截至2016年9月30日．

附錄 3　中國 ETF 主要業務規則

一、ETF 申購贖回規定

2004 年和 2006 年，滬、深交易所分別發布交易所交易型開放式指數基金業務實施細則，規範單一市場 ETF，即投資標的只在滬、深交易所其中之一上市的 ETF 的一級市場申購、贖回和二級市場交易機制。隨著市場的發展和投資者資產配置需求的升級，單市場 ETF 已經難以滿足部分投資者的需求。為了配合跨市場 ETF 和跨境 ETF 的推出，滬、深交易所於 2012 年 3 月發布新版業務指南，對原有業務實施細則進行一定程度的修訂。2016 年 4 月 28 號深交所發布《深圳證券交易所證券投資基金交易和申購贖回實施細則（2016 年修訂）》，對原部分規則條款進行再次修訂。

除債券交易型開放式基金、黃金交易型開放式基金、上市交易的貨幣市場基金、跨境交易型開放式基金以外，大多數 ETF 份額的二級市場交易與股票的交易方式完全相同：即 T 日買入份額在 T+1 日開盤后才可以賣出，T 日不能賣出；T 日賣出份額所得資金可用於其他場內證券的買入，但只有到 T+1 日開盤后才可以從資金帳戶中轉出。2015 年 1 月 9 號，上交所與深交所分別發布關於修改《上海證券交易所交易規則》和《深圳證券交易所交易規則》的通知，對債券交易型開放式基金、黃金交易型開放式基金、上市交易的貨幣市場基金、跨境交易型開放式基金自 2015 年 1 月 19 日開始實行當日回轉交易，即「T+0」交易。

ETF 一級市場申購贖回機制不同於其他開放式基金。ETF 多採用實物申購贖回機制，即投資者根據基金管理人在開盤前發布的申贖清單用組合證券進行申購或贖回。在部分成份股因流動性不佳或停牌而無法從二級市場購入的情況下，可用現金替代。此外，由於現金頭寸等其他形式資產的存在，ETF 投資組合與一攬子成份股市值及現金替代部分存在少量差異，所以申贖清單除了組合證券和現金替代部分外，還包括少量

的現金差額部分。

目前上海證券交易所對各類 ETF 的申購贖回規定[①]具體如下：

（一）單市場 ETF 和跨市場 ETF

（1）當日申購的基金份額，同日可以賣出，但不得贖回；其中，對標的指數為跨市場指數的交易所交易基金，當日申購且同日未賣出的基金份額，清算交收完成后方可賣出和贖回。

（2）當日買入的基金份額，同日可以贖回，但不得賣出。

（3）當日贖回的證券，同日可以賣出，但不得用於申購基金份額。

（4）當日買入的證券，同日可以用於申購基金份額，但不得賣出。

（二）跨境 ETF

（1）當日申購的基金份額，清算交收完成后方可賣出和贖回。

（2）當日買入的基金份額，同日可以贖回，但不得賣出。

（3）當日申購總額、贖回總額超出基金管理人設定限額的，超出額度的申購、贖回申報為無效申報。

（三）債券 ETF

採用現券申贖的單市場債券 ETF，應當遵守下列規定：

（1）當日申購的份額，當日可賣出或贖回。

（2）當日贖回的 ETF，份額即時記減，贖回獲得的成份債券當日可賣出，也可用於當日的 ETF 申購。

（3）當日買入的 ETF 份額，當日可以賣出或贖回。

（四）黃金 ETF

（1）當日黃金現貨合約申購的黃金 ETF 份額，當日可以賣出、現金贖回或黃金現貨合約贖回。

（2）當日黃金現貨合約贖回獲得的黃金現貨合約，當日可以用於黃金現貨合約申購。

（3）當日現金申購的黃金 ETF 份額，當日清算交收完成后，可於次一交易日賣出、現金贖回或黃金現貨合約贖回。

（4）當日買入的黃金 ETF 份額，當日可以現金贖回，但不可用於黃金現貨合約贖回。

[①] 根據 2012 年上交所發布的《上海證券交易所交易型開放式指數基金業務實施細則》以及其后的相關規定整理而得。

目前深圳證券交易所對各類 ETF 的申購贖回規定①，具體如下：

（一）單市場 ETF

（1）當日競價買入的 ETF 份額，當日可以贖回；當日大宗買入的 ETF 份額，次一交易日可以贖回。

（2）當日申購的 ETF 份額，當日可以競價賣出，次一交易日可以贖回或者大宗賣出。

（3）當日贖回得到的股票，當日可以競價賣出，次一交易日可以用於申購 ETF 份額或者大宗賣出。

（4）當日競價買入的股票，當日可以用於申購 ETF 份額；當日大宗買入的股票，次一交易日可以用於申購 ETF 份額。

（二）跨市場 ETF 和跨境 ETF

以現金為對價申購贖回跨市場債券 ETF、跨市場股票 ETF 或者跨境 ETF 時，應當遵守下列規定：

（1）當日競價買入的 ETF 份額，當日可以贖回；當日大宗買入的 ETF 份額，次一交易日可以贖回。

（2）當日申購的 ETF 份額，在交收前不得賣出或者贖回。

根據《上海證券交易所交易型開放式指數基金業務實施細則》第四十條，投資者進行交易或以組合證券為對價申贖跨市場股票 ETF 時，應當遵守下列規定：

（1）當日買入的 ETF 份額，次一交易日可以贖回。

（2）當日申購的 ETF 份額，在交收前不得賣出或者贖回。

以組合證券為對價申贖跨市場股票 ETF 時，應當遵守下列規定：

（1）當日買入的 ETF 份額，次一交易日可以贖回。

（2）當日申購的 ETF 份額，在交收前不得賣出或者贖回。

（三）債券 ETF

以組合證券為對價申贖單市場債券 ETF 時，應當遵守下列規定：

（1）當日競價買入的 ETF 份額，當日可以贖回；當日大宗買入的 ETF 份額，次一交易日可以贖回。

（2）當日申購的 ETF 份額，當日可以贖回或者競價賣出，次一交

---

① 根據 2016 年深交所發布《深圳證券交易所證券投資基金交易和申購贖回實施細則（2016 年修訂）》整理所得。

易日可以大宗賣出。

（3）當日贖回得到的債券，當日可以用於申購 ETF 份額、競價賣出或者申報作為質押券，次一交易日可以大宗賣出。

（4）當日競價買入或者解除質押得到的債券，當日可以用於申購 ETF 份額；當日大宗買入的債券，次一交易日可以用於申購 ETF 份額。

以現金為對價申贖單市場債券 ETF、跨市場債券 ETF 時，應當遵守下列規定：

（1）當日競價買入的 ETF 份額，當日可以贖回；當日大宗買入的 ETF 份額，次一交易日可以贖回。

（2）當日申購的 ETF 份額，在交收前不得賣出或者贖回。

（四）黃金 ETF

（1）當日買入的 ETF 份額，次一交易日可以贖回，但如果對應的結算參與人當日日終資金不足，次一交易日不得以上海黃金交易所黃金現貨實盤合約（以下簡稱「現貨合約」）為對價贖回。

（2）當日以現貨合約為對價申購的 ETF 份額，當日可以贖回或者競價賣出，次一交易日可以大宗賣出。

（3）當日以現金為對價申購的 ETF 份額，在交收前不得賣出或者贖回。

以現貨合約為對價申贖黃金 ETF 通過上海黃金交易所辦理，以現金為對價申贖黃金 ETF 通過本所辦理。

（五）貨幣 ETF

（1）當日競價買入的 ETF 份額，當日可以贖回；當日大宗買入的 ETF 份額，次一交易日可以贖回。

（2）當日申購的 ETF 份額，當日可以贖回或者競價賣出，次一交易日可以大宗賣出。

二、ETF 融資融券業務實施細則

為了鼓勵場內信用交易的發展，2011 年 11 月，滬、深證券交易所分別發布融資融券實施細則，首次將 ETF 納入融資融券標的並明確提出兩融標的要求。2015 年 7 月，滬、深證券交易再次發布融資融券交易實施細則，對 ETF 的兩融標的要求進行部分修正。目前，滬、深交易所對 ETF 納入兩融標的要求完全相同，具體如下：

（1）上市交易超過 5 個交易日。

（2）最近 5 個交易日內的日平均資產規模不低於 5 億元。

（3）基金持有戶數不少於 2,000 戶。

在計算可充抵保證金的證券的保證金金額時，滬、深證券交易所均要求交易型開放式指數基金折算率最高不超過 90%。另外，上海證券交易所規定：單只交易型開放式指數基金的融資監控指標達到 75% 時，本所可以在次一交易日暫停其融資買入，並向市場公布。該交易型開放式指數基金的融資監控指標降低至 70% 以下時，本所可以在次一交易日恢復其融資買入，並向市場公布。單只交易型開放式指數基金的融券餘量達到其上市可流通量的 75% 時，本所可在次一交易日暫停其融券賣出，並向市場公布。該交易型開放式指數基金的融券餘量降至 70% 以下時，本所可以在次一交易日恢復其融券賣出，並向市場公布。

參考文獻

［1］蔡向輝. 全球 ETF 市場繁榮背后的系統性隱憂辨析［J］. 證券市場導報, 2012（3）: 4-13.

［2］陳春鋒, 陳偉忠. 全球交易所交易基金市場的發展與創新［J］. 外國經濟與管理, 2003, 25（8）: 33-38.

［3］陳代雲, 須任榮. 證券交易所交易基金研究［J］. 外國經濟與管理, 2002, 24（7）: 39-44.

［4］陳家偉, 田映華. 基於 ETFs 溢折價現象的投資風險分析［J］. 統計與決策, 2005（3）: 92-94.

［5］陳昕. ETF 市場實行做市商制度必要性的實證: 基於 WP 指標的檢驗［J］. 統計與決策, 2012（24）: 168-170.

［6］陳瑩, 武志偉, 王楊. 滬深 300 指數衍生證券的多市場交易與價格發現［J］. 管理科學學報, 2014, 17（12）: 75-84.

［7］鄧興成, 李嫣, 葛慧. 全球 ETF 發展趨勢和未來方向［J］. 證券市場導報, 2009（1）: 47-55.

［8］上海證券交易所. ETF 投資: 從入門到精通［M］. 上海: 上海遠東出版社, 2014.

［9］付勝華, 檀向球, 楊麗霞. 上證 180 指數 ETF 套利研究［J］. 生產力研究, 2006（9）: 100-102.

［10］廣發金工. 深度解析 Smart Beta 策略——Smart Beta 研究系列之一［EB/OL］.［2016-04-21］. http://chuansong.me/n/404468651680.

［11］郭彥峰, 肖倬. 中美黃金市場的價格發現和動態條件相關性研究［J］. 國際金融研究, 2009（11）: 75-83.

［12］郭彥峰, 魏宇, 黃登仕. ETF 上市對中小企業板市場質量影響

的研究 [J]. 證券市場導報, 2007 (9): 17-22.

[13] 黃華繼, 章蘇婧. 中國證券市場中的 ETF 定價效率分析 [J]. 投資研究, 2009 (10): 53-56.

[14] 黃建兵, 楊華. 上證 50ETF 及其對證券市場的影響 [J]. 上海管理科學, 2005, 27 (6): 62-64.

[15] 黃曉坤, 侯金鳴. 利用 ETF 類基金進行股指期貨套利的方法研究 [J]. 統計與決策, 2009 (18): 132-134.

[16] 黃志華, 餘文, 邵璐. ETF 在中國的發展現狀及展望 [J]. 西南金融, 2013 (2): 61-63.

[17] 金德環, 丁振華. 50ETF 與標的成份股的價格形成過程分析 [J]. 證券市場導報, 2005 (12): 53-63.

[18] 李鳳羽. 投資者情緒能夠解釋 ETF 的折溢價嗎？——來自 A 股市場的經驗證據 [J]. 金融研究, 2014 (2): 180-192.

[19] 李裕強, 陳展. 上證 50ETF 跟蹤誤差實證研究 [J]. 中國市場, 2007 (5): 43-43.

[20] 廖理, 賈超鋒. 中國資本市場引入交易所交易基金分析 [J]. 管理世界, 2003 (6): 139-140.

[21] 劉波, 馬馨蕎, 賀鏡賓, 等. 投資者結構與 ETF 定價效率——基於帳戶級數據的實證研究 [J]. 證券市場導報, 2016 (5): 53-61.

[22] 劉俊, 李媛. 交易所交易基金 (ETF) 在中國的前景分析 [J]. 上海金融, 2002 (11): 37-40.

[23] 劉嵐, 馬超群. 中國股指期貨市場期現套利及定價效率研究 [J]. 管理科學學報, 2013, 16 (3): 41-52.

[24] 劉偉, 陳敏, 梁斌. 基於金融高頻數據的 ETF 套利分析 [J]. 中國管理科學, 2009 (2): 1-7.

[25] 陸蓉, 陳百助, 徐龍炳, 等. 基金業績與投資者的選擇——中國開放式基金贖回異常現象的研究 [J]. 經濟研究, 2007 (6): 39-50.

[26] 期貨日報. 境外槓桿及反向 ETF 發展迅猛 [EB/OL]. [2016-05-31]. http://finance.sina.com.cn/money/future/fmnews/2016-05-31/doc-ifxsqyku0017794.shtml.

[27] 期貨日報. 全球 Smart Beta 策略的發展及應用 [EB/OL]. [2016-10-12]. http://finance.sina.com.cn/money/future/fmnews/2016-

10-12/doc-ifxwviax9578525.shtml.

［28］上海證券交易所—嘉實基金管理有限公司聯合課題組. 主動型 ETF 研究［EB/OL］.［2013-05-28］. http://www.etfjijin.com/Uploads/2013-05-28/51a45cd064237.pdf.

［29］沈宏偉, 李麗珍. ETF 與其他金融產品的比較［J］. 經濟問題, 2004（5）: 60-61.

［30］宋逢明, 王春燕. 上證 180 和深成指的指數效應研究［J］. 證券市場導報, 2005（6）: 9-13.

［31］宋威, 蘇冬蔚. 風格投資與收益協同性——基於上證 180 指數調整的實證分析［J］. 當代財經, 2007（8）: 50-54.

［32］湯弦. 交易型開放式指數基金（ETF）產品設計問題研究［J］. 金融研究, 2005（2）: 94-105.

［33］田存志, 馮聰. ETF 標的指數成份股流動性與市場隱性交易成本的實證分析［J］. 統計與決策, 2013（2）: 157-160.

［34］王良, 馮濤. 中國 ETF 基金的價格發現問題［J］. 系統工程理論與實踐, 2010（3）: 396-407.

［35］王良, 馮濤. 中國 ETF 基金價格「已實現」波動率、跟蹤誤差之間的 Granger 關係研究［J］. 中國管理科學, 2012（1）: 59-70.

［36］王擎, 吳瑋, 蔡棟梁. 基金評級與資金流動: 基於中國開放式基金的經驗研究［J］. 金融研究, 2010（9）: 113-128.

［37］賈雲贇. 交易型開放式指數基金（ETF）的折溢價行為分析——基於深 100ETF 日度數據［J］. 湖北行政學院學報, 2015（3）: 87-90.

［38］肖倬, 郭彥峰. 中小板 ETF 的價格發現能力研究［J］. 管理學報, 2010, 7（1）: 118-122.

［39］謝赤, 朱建軍, 周竟東. 基於 Copula 函數的 ETF 流動性風險與市場風險相依性分析［J］. 管理科學, 2010（5）: 94-102.

［40］楊楓, 張力健. 關於「ETF 風險論」的辨析［J］. 證券市場導報, 2013（1）: 4-14.

［41］楊墨竹. ETF 資金流, 市場收益與投資者情緒——來自 A 股市場的經驗證據［J］. 金融研究, 2013（4）: 156-169.

［42］俞光明. 對沖套利交易策略研究［J］. 財經問題研究, 2013

（5）：49-52.

［43］張健，方兆本. 基於 ETF 組合的股指期貨套利［J］. 中國科學技術大學學報，2012，42（11）：908-912.

［44］張立，曾五一. 中國股指 ETF 市場、ETF 市場與股票市場波動時變的聯動效應研究［J］. 經濟統計學（季刊），2013（1）：145-154.

［45］張玲. ETFs 跟蹤誤差產生原因探討［J］. 證券市場導報，2002（11）：44-49.

［46］張敏，徐堅. ETF 在股指期貨期現套利的現貨組合中的應用［J］. 技術經濟與管理研究，2007（3）：31-32.

［47］張英奎，焦麗君，劉安國. 中國證券市場交易所交易基金實證研究［J］. 河北大學學報（哲學社會科學版），2013（3）：42-45.

［48］張崢，尚瓊，程祎. 股票停牌、漲跌停與 ETF 定價效率——基於上證 50ETF 日度數據的實證研究［J］. 金融研究，2012（1）：167-180.

［49］張宗新，丁振華. 上證 50ETF 具有價格發現功能嗎？［J］. 數量經濟技術經濟研究，2006，23（3）：141-149.

［50］趙永剛. Smart Beta：演進、挑戰及未來方向［EB/OL］.［2016-09-30］. http://mp.weixin.qq.com.

［51］鄒平，張文娟. 對上證 50 交易型開放式指數證券投資基金的實證研究［J］. 上海金融，2008（4）：60-64.

［52］朱衛，何凌雲，陳甜甜，等. 指數調樣對標的股票流動性及股東財富效應研究：來自上證 50 指數的證據［J］. 經濟經緯，2013（2）：155-160.

［53］Aber J W, Li D, Can L. Price volatility and tracking ability of ETFs［J］. Journal of Asset Management, 2009, 10（4）：210-221.

［54］Abner D J. The ETF handbook：how to value and trade exchange traded funds［M］. New Jersey：John Wiley & Sons, 2010.

［55］Ackert L F, Tian Y S. Arbitrage and valuation in the market for Standard and Poor's Depositary Receipts［J］. Financial Management, 2000, 29（8）：71-87.

［56］Ackert L F, Tian Y S. Arbitrage, liquidity, and the valuation of exchange traded funds［J］. Financial markets, Institutions & Instruments,

2008, 17 (5): 331-362.

[57] Agapova A. Conventional mutual index funds versus exchange-traded funds [J]. Journal of Financial Markets, 2011, 14 (2): 323-343.

[58] Aggarwal R, Schofield L. The growth of global etfs and regulatory challenges [J]. Advances in Financial Economics, 2014: 77-102.

[59] Alizadeh S, Brandt M W, Diebold F X. Range-based estimation of stochastic volatility models [J]. The Journal of Finance, 2002, 57 (3): 1047-1091.

[60] Arnott R D, Hsu J, Moore P. Fundamental indexation [J]. Financial Analysts Journal, 2005, 61 (2): 83-99.

[61] Avellaneda M, Zhang S. Path-dependence of leveraged ETF returns [J]. SIAM Journal on Financial Mathematics, 2010, 1 (1): 586-603.

[62] Barlevy G, Veronesi P. Rational panics and stock market crashes [J]. Journal of Economic Theory, 2003, 110 (2): 234-263.

[63] Ben-David I, Franzoni F, Moussawi R. Do ETFs increase volatility? [EB/OL]. [2014-07-17]. http://www.nber.org/papers/w20071.

[64] Beneish M D, Whaley R E. An anatomy of the「S&P Game」: The effects of changing the rules [J]. The Journal of Finance, 1996, 51 (5): 1909-1930.

[65] Berk J B, Green R C. Mutual fund flows and performance in rational markets [J]. Journal of Political Economy, 2004, 3 (112): 1269-1295.

[66] Bertone S, Paeglis I, Ravi R. (How) has the market become more efficient? [J]. Journal of Banking & Finance, 2015, 54: 72-86.

[67] Biktimirov E N, Li B. Asymmetric stock price and liquidity responses to changes in the FTSE SmallCap index [J]. Review of Quantitative Finance and Accounting, 2014, 42 (1): 95-122.

[68] Bhattacharya A, O'Hara M. Can ETFs increase market fragility? effect of information linkages in ETF markets [EB/OL]. [2016-08-28]. https://papers.ssrn.com/sol3/papers.cfm?abstract_id=2740699.

[69] Black F. Capital market equilibrium with restricted borrowing [J]. The Journal of Business, 1972, 45 (3): 444-455.

[70] Black F. Fact and fantasy in the use of options [J]. Financial Analysts Journal, 1975, 31 (4): 36-41.

[71] Black F. Noise [J]. The journal of finance, 1986, 41 (3): 528-543.

[72] Blitz D, Huij J. Evaluating the performance of global emerging markets equity exchange-traded funds [J]. Emerging Markets Review, 2012, 13 (2): 149-158.

[73] Blume M E, Edelen R M. On replicating the S&P 500 index [EB/OL]. [2002-08-02]. https://papers.ssrn.com/sol3/papers.cfm? abstract_id=315545.

[74] Blume M E, Edelen R M. S&P 500 indexers, tracking error, and liquidity [J]. The Journal of Portfolio Management, 2004, 30 (3): 37-46.

[75] Bolla L, Kohler A, Wittig H. Index-linked investing—a curse for the stability of financial markets around the globe? [J]. The Journal of Portfolio Management, 2016, 42 (3): 26-43.

[76] Bradley H, Litan R E. Choking the recovery: Why new growth companies aren't going public and unrecognized risks of future market disruptions [EB/OL]. [2010-11-08]. https://papers.ssrn.com/sol3/papers.cfm? abstract_id=1706174.

[77] Broman M S. Liquidity, style investing and excess comovement of exchange-traded fund returns [J]. Journal of Financial Markets, 2016, 30 (9): 27-53.

[78] Brown S J, Goetzmann W N, Hiraki T, et al. Investor sentiment in Japanese and US daily mutual fund flows [EB/OL]. [2003-02-08]. http://www.nber.org/papers/w9470.

[79] Broman M S, Shum P M. Short-term trading and liquidity clienteles: evidence from exchange-traded funds [EB/OL]. [2016-10-27]. https://papers.ssrn.com/sol3/Papers.cfm? abstract_id=2361514.

[80] Canakgoz N A, Beasley J E. Mixed-integer programming approaches for index tracking and enhanced indexation [J]. European Journal of Operational Research, 2009, 196 (1): 384-399.

[81] Carhart M M. On persistence in mutual fund performance [J]. The

Journal of finance, 1997, 52 (1): 57-82.

[82] CFTC-SEC. Preliminary findings regarding the market events of May 6, 2010 [R/OL]. [2010-5-18]. http://www.cftc.gov/idc/opa-jointreport-sec-051810.pdf.

[83] CFTC-SEC. Findings regarding the market events of May 6, 2010 [R/OL]. [2010-9-18]. http://www.cftc.gov/idc/opa-jointreport-sec-051819.pdf.

[84] Chan K, Chan K C, Karolyi G A. Intraday Volatility in the Stock Index and Stock Index Futures Markets [J]. Review of Financial Studies, 1991, 4 (4): 657-684.

[85] Chan K, Kot H W, Tang G Y N. A comprehensive long-term analysis of S&P 500 index additions and deletions [J]. Journal of Banking & Finance, 2013, 37 (12): 4920-4930.

[86] Chan L, Lien D. Using high, low, open, and closing prices to estimate the effects of cash settlement on futures prices [J]. International Review of Financial Analysis, 2003, 12 (1): 35-47.

[87] Chang Y C, Hong H, Liskovich I. Regression discontinuity and the price effects of stock market indexing [J]. Review of Financial Studies, 2015, 28 (1): 212-246.

[88] Charupat N, Miu P. The pricing and performance of leveraged exchange-traded funds [J]. Journal of Banking & Finance, 2011, 35 (4): 966-977.

[89] Charupat N, Miu P. The pricing efficiency of leveraged exchange-traded funds: evidence from the US markets [J]. Journal of Financial Research, 2013, 36 (2): 253-278.

[90] Charupat N, Miu P. Recent developments in exchange-traded fund literature: pricing efficiency, tracking ability, and effects on underlying securities [J]. Managerial Finance, 2013, 39 (5): 427-443.

[91] Charupat N, Miu P. A New method to measure the performance of leveraged exchange-traded funds [J]. Financial Review, 2014, 49 (4): 735-763.

[92] Chelley-Steeley P, Park K. Intraday patterns in London listed ex-

change traded funds [J]. International review of financial analysis, 2011, 20 (5): 244-251.

[93] Cheng M, Madhavan A. The dynamics of leveraged and inverse exchange-traded funds [J]. Journal of Investment Management, 2009, 7 (4): 43-62.

[94] Chiu J, Chung H, Ho K Y, et al. Funding liquidity and equity liquidity in the subprime crisis period: evidence from the ETF market [J]. Journal of Banking & Finance, 2012, 36 (9): 2660-2671.

[95] Chow T, Hsu J, Kalesnik V, et al. A survey of alternative equity index strategies [J]. Financial Analysts Journal, 2011, 67 (5): 37-57.

[96] Chu P K K. Study on the tracking errors and their determinants: evidence from Hong Kong exchange traded funds [J]. Applied Financial Economics, 2011, 21 (5): 309-315.

[97] Clarke R, De Silva H, Thorley S. Minimum-variance portfolios in the US equity market [J]. Journal of Portfolio Management, 2006, 33 (1): 10-24.

[98] Clifford C P, Fulkerson J A, Jordan B D. What drives ETF flows? [J]. Financial Review, 2014, 49 (3): 619-642.

[99] Corielli F, Marcellino M. Factor based index tracking [J]. Journal of Banking & Finance, 2006, 30 (8): 2215-2233.

[100] Covrig V, Ding D K, Low B S. The contribution of a satellite market to price discovery: evidence from the singapore exchange [J]. Journal of Futures Markets, 2004, 24 (10): 981-1004.

[101] Curcio R J, Lipka J M, Thornton JR J H. Cubes and the individual investor [J]. Financial Services Review, 2004, 13 (2): 123-138.

[102] Da Z, Shive S. When the bellwether dances to noise: evidence from exchange-traded funds [EB/OL]. [2013-9-24]. https://papers.ssrn.com/sol3/papers.cfm? abstract_id=2158361.

[103] Delcoure N, Zhong M. On the premiums of iShares [J]. Journal of Empirical Finance, 2007, 14 (2): 168-195.

[104] Dellva W L. Exchange-traded funds not for everyone [J]. Journal of Financial Planning, 2001, 14 (4): 110-125.

[105] De Winne R, Gresse C, Platten I. Liquidity and risk sharing benefits from the introduction of an ETF [EB/OL]. [2012-6-09]. http://dial.uclouvain.be/pr/boreal/object/boreal:113736

[106] Deutsche Bank. ETF Annual Review & Outlook [EB/OL]. [2014-01-16]. http://www.fullertr-eactnibet.com/system/data/files/PDFs/2014/January/20th/ETFreoirt.pdf.

[107] Deutsche Bank. ETF Annual Review & Outlook [EB/OL]. [2015-01-26]. https://www.altii.de/media/modelfield_files/fondsportal/press-release/pdf/Deutsche_Bank_Research_ETF_Market_Review_2014_Outlook_2015.pdf.

[108] Deville L. Exchange traded funds: History, trading, and research [M]. New York: Springer US, 2008: 67-98.

[109] Diebold F X, Yilmaz K. Better to give than to receive: predictive directional measurement of volatility spillovers [J]. International Journal of Forecasting, 2012, 28 (1): 57-66.

[110] Driscoll J C, Kraay A C. Consistent covariance matrix estimation with spatially dependent panel data [J]. Review of Economics and Statistics, 1998, 80 (4): 549-560.

[111] Easley D, O'hara M. Price, trade size, and information in securities markets [J]. Journal of Financial economics, 1987, 19 (1): 69-90.

[112] Edelen R M. Investor flows and the assessed performance of open-end mutual funds [J]. Journal of Financial Economics, 1999, 53 (3): 439-466.

[113] Elton E J, Gruber M J, Comer G, et al. Spiders: Where are the bugs? [J]. The Journal of Business, 2002, 75 (3): 453-472.

[114] Engle R. Dynamic conditional correlation: a simple class of multivariate generalized autoregressive conditional heteroskedasticity models [J]. Journal of Business & Economic Statistics, 2002, 20 (3): 339-350.

[115] Engle R F, Granger C W. Cointegration and error correction: representation, estimation, and testing [J]. Econometrica, 1987, 55 (2): 251-276.

[116] Engle R, Sarkar D. Premiums-discounts and exchange traded

funds [J]. Journal of Derivatives, 2006, 13 (4): 27-45.

[117] ETFGI. ETFGI Monthly Newsletter [EB/OL]. [2015-07-11]. http://d1xhgr640tdb4k. cloudfront. net/552fc41fd719adfe5d000051/1436613,461/etfgi_newsletter_global_201506.pdf.

[118] Financial Stability Board. Potential financial stability issues arising from recent trends in Exchange－Traded Funds (ETFs) [EB/OL]. [2011－04－12]. http://corpgov.net/wp-content/uploads/2011/06/FSB-ETFs-StabilityIssues.pdf.

[119] Foucher I, Gray K. Exchange-traded funds: evolution of benefits, vulnerabilities and risks [J]. Bank of Canada Financial System Review, 2014: 37-46.

[120] Frazzini A, Lamont O A. Dumb money: mutual fund flows and the cross-section of stock returns [J]. Journal of Financial Economics, 2008, 88 (2): 299-322.

[121] Fremault A. Stock index futures and index arbitrage in a rational expectations model [J]. Journal of Business, 1991: 523-547.

[122] Frino A, Gallagher D R, Neubert A S, et al. Index design and implications for index tracking [J]. The Journal of Portfolio Management, 2004, 30 (2): 89-95.

[123] Froot K A, Scharfstein D S, Stein J C. Herd on the street: informational inefficiencies in a market with short-term speculation [J]. The Journal of Finance, 1992, 47 (4): 1461-1484.

[124] Gallagher D R, Segara R. The performance and trading characteristics of exchange-traded funds [J]. Journal of Investment Strategy, 2006, 1 (2): 49-60.

[125] Garbade K D, Silber W L. Price movements and price discovery in futures and cash markets [J]. Review of Economics and Statistics, 1983, 65 (2): 289-297.

[126] Gastineau G L. Equity index funds have lost their way [J]. The Journal of Portfolio Management, 2002, 28 (2): 55-64.

[127] Gastineau G L. The benchmark index ETF performance problem [J]. The Journal of Portfolio Management, 2004, 30 (2): 96-103.

［128］Gastineau G L. The exchange-traded funds manual［M］. New Jersey: John Wiley & Sons, 2010.

［129］Giese G. On the performance of leveraged and optimally leveraged investment funds［EB/OL］.［2010-04-18］. https://papers.ssrn.com/sol3/papers.cfm? abstract_id=1510344.

［130］Goldstein I, Ozdenoren E, Yuan K. Learning and complementarities in speculative attacks［J］. The Review of Economic Studies, 2011, 78 (1): 263-292.

［131］Glosten L, Nallareddy S, Zou Y. ETF trading and informational efficiency of underlying securities［EB/OL］.［2015-10-18］. http://www.rhsmith.umd.edu/files/Documents/Departments/Finance/fall2015/glosten.pdf.

［132］Goetzmann W N, Ivković Z, Rouwenhorst K G. Day trading international mutual funds: evidence and policy solutions［J］. Journal of Financial and Quantitative Analysis, 2001, 36 (3): 287-309.

［133］Golub B, Novick B, Madhavan A, et al. Viewpoint: exchange traded products: overview, benefits and myths［J］. BlackRock Investment Institute, 2013.

［134］Gorton G B, Pennacchi G G. Security baskets and index-linked securities［J］. Journal of Business, 1993: 1-27.

［135］Grégoire V. Do mutual fund managers adjust NAV for stale prices?［EB/OL］.［2010-4-18］. https://papers.ssrn.com/sol3/papers.cfm? abstract_id=1928321.

［136］Haigh M S. Cointegration, unbiased expectations, and forecasting in the BIFFEX freight futures market［J］. Journal of Futures Markets, 2000, 20 (6): 545-571.

［137］Hamm S J W. The effect of ETFs on stock liquidity［EB/OL］.［2014-04-23］. https://papers.ssrn.com/sol3/papers.cfm? abstract_id=1687914.

［138］Harper J T, Madura J, Schnusenberg O. Performance comparison between exchange-traded funds and closed-end country funds［J］. Journal of International Financial Markets, Institutions and Money, 2006, 16 (2): 104

-122.

[139] Hasbrouck J. Intraday price formation in US equity index markets [J]. The Journal of Finance, 2003, 58 (6): 2375-2400.

[140] Haugh M B. A note on constant proportion trading strategies [J]. Operations Research Letters, 2011, 39 (3): 172-179.

[141] Hegde S P, McDermott J B. The market liquidity of DIAMONDS, Q's, and their underlying stocks [J]. Journal of Banking & Finance, 2004, 28 (5): 1043-1067.

[142] Hendershott T, Madhavan A. Click or call? auction versus search in the over-the-counter market [J]. The Journal of Finance, 2015, 70 (1): 419-447.

[143] Hirshleifer D, Subrahmanyam A, Titman S. Security analysis and trading patterns when some investors receive information before others [J]. The Journal of Finance, 1994, 49 (5): 1665-1698.

[144] Huang M. Liquidity shocks and equilibrium liquidity premia [J]. Journal of Economic Theory, 2003, 109 (1): 104-129.

[145] Huang J C, Guedj I. Are ETFs replacing index mutual funds? [EB/OL]. [2009-03-15]. https://papers.ssrn.com/sol3/papers.cfm?abstract_id=1108728.

[146] Hughen J C. How effective is arbitrage of foreign stocks? the case of the Malaysia exchange-traded fund [J]. Multinational Business Review, 2003, 11 (2): 17-28.

[147] Israeli D, Lee C, Sridharan S A. Is there a dark side to exchange traded funds (ETFs)? an information perspective [EB/OL]. [2015-09-01]. https://papers.ssrn.com/sol3/papers.cfm?abstract_id=2625975.

[148] Jarrow R A. Understanding the risk of leveraged ETFs [J]. Finance Research Letters, 2010, 7 (3): 135-139.

[149] Johnson W F. Tracking errors of exchange traded funds [J]. Journal of Asset Management, 2009, 10 (4): 253-262.

[150] Kacperczyk M, Sialm C, Zheng L. On the industry concentration of actively managed equity mutual funds [J]. The Journal of Finance, 2005, 60 (4): 1983-2011.

[151] Kadapakkam P R, Krause T, Tse Y. Exchange traded funds, size-based portfolios, and market efficiency [J]. Review of Quantitative Finance and Accounting, 2015, 45 (1): 89-110.

[152] Kamara A, Lou X, Sadka R. The divergence of liquidity commonality in the cross-section of stocks [J]. Journal of Financial Economics, 2008, 89 (3): 444-466.

[153] Kamara A, Lou X, Sadka R. Has the US stock market become more vulnerable over time? [J]. Financial Analysts Journal, 2010, 66 (1): 41-52.

[154] Keim D B. An analysis of mutual fund design: the case of investing in small-cap stocks [J]. Journal of Financial Economics, 1999, 51 (2): 173-194.

[155] Kirilenko A A, Kyle A S, Samadi M, et al. The flash crash: The impact of high frequency trading on an electronic market [EB/OL]. [2015-07-08]. https://papers.ssrn.com/sol3/papers.cfm? abstract_id=1686004.

[156] Koop G, Pesaran M H, Potter S M. Impulse response analysis in nonlinear multivariate models [J]. Journal of econometrics, 1996, 74 (1): 119-147.

[157] Kostovetsky L. Index mutual funds and exchange-traded funds [J]. Journal of Portfolio Management, 2003, 29: 480-92.

[158] Krause T, Ehsani S, Lien D. Exchange-traded funds, liquidity and volatility [J]. Applied Financial Economics, 2014, 24 (24): 1617-1630.

[159] Krause T A, Lien D. Implied volatility dynamics among exchange-traded funds and their largest component stocks [J]. The Journal of Derivatives, 2014, 22 (1): 7-26.

[160] Kyle A S. Continuous auctions and insider trading [J]. Econometrica: Journal of the Econometric Society, 1985: 1315-1335.

[161] Lauricella T, Pulliam S, Gullapalli D. Are ETFs driving late-day turns? leveraged vehicles seen magnifying other bets; last-hour volume surge [J]. Wall Street Journal, 2008, 15.

[162] Lee C, Shleifer A, Thaler R H. Investor sentiment and the closed

-end fund puzzle [J]. The Journal of Finance, 1991, 46 (1): 75-109.

[163] Lin C C, Chan S J, Hsu H. Pricing efficiency of exchange traded funds in Taiwan [J]. Journal of Asset Management, 2006, 7 (1): 60-68.

[164] Lin A, Chou A. The tracking error and premium/discount of Taiwan's first exchange traded fund [J]. Web Journal of Chinese Management Review, 2006, 9 (3): 1-21.

[165] Lo A W, Mamaysky H, Wang J. Asset prices and trading volume under fixed transactions costs [J]. Journal of Political Economy, 2004, 112 (5): 1054-1090.

[166] Lu L, Wang J, Zhang G. Long term performance of leveraged ETFs [EB/OL]. [2009-08-01]. https://papers.ssrn.com/sol3/papers.cfm? abstract_id=1344133.

[167] Lynch A W, Tan S. Explaining the magnitude of liquidity premia: the roles of return predictability, wealth shocks, and state-dependent transaction costs [J]. The Journal of Finance, 2011, 66 (4): 1329-1368.

[168] Madhavan A. Exchange-traded funds, market structure, and the flash crash [J]. Financial Analysts Journal, 2012, 68 (4): 20-35.

[169] Madhavan A. Exchange-traded funds: an overview of institutions, trading, and impacts [J]. Annual Review of Financial Economics, 2014, 6 (1): 311-341.

[170] Madura J, Richie N. Overreaction of exchange-traded funds during the bubble of 1998—2002 [J]. The Journal of Behavioral Finance, 2004, 5 (2): 91-104.

[171] Madhavan A, Sobczyk A. Price dynamics and liquidity of exchange-traded funds [EB/OL]. [2014-04-17]. https://papers.ssrn.com/sol3/papers.cfm? abstract_id=2429509.

[172] Malamud S. A dynamic equilibrium model of ETFs [J]. Swiss Finance Institute Research Paper, 2015: 15-37.

[173] Martinez V, Tse Y, Kittiakarasakun J. Volatility, trade size, and order imbalance in China and Japan exchange traded funds [J]. Journal of Economics and Finance, 2013, 37 (2): 293-307.

[174] Mazza D B. Do ETFs increase correlations? [J]. The Journal of

Index Investing, 2012, 3 (1): 45-51.

[175] Meinhardt C, Mueller S, Schoene S. Physical and synthetic exchange-traded funds: the good, the bad, or the ugly? [J]. The Journal of Investing, 2014, 24 (2): 35-44.

[176] Morillo D S, Da Conceicao N R, Hamrick J L, et al. Index futures: do they deliver efficient beta? [J]. The Journal of Index Investing, 3 (2): 76-80.

[177] Parkinson M. The extreme value method for estimating the variance of the rate of return [J]. Journal of Business, 1980: 61-65.

[178] Perold A F. Fundamentally flawed indexing [J]. Financial Analysts Journal, 2007, 63 (6): 31-37.

[179] Pesaran H H, Shin Y. Generalized impulse response analysis in linear multivariate models [J]. Economics letters, 1998, 58 (1): 17-29.

[180] Petajisto A. Inefficiencies in the pricing of exchange-traded funds [J]. Available at SSRN 2000336, 2013.

[181] Pollet J M, Wilson M. How does size affect mutual fund behavior? [J]. The Journal of Finance, 2008, 63 (6): 2941-2969.

[182] Pope P F, Yadav P K. Discovering errors in tracking error [J]. The Journal of Portfolio Management, 1994, 20 (2): 27-32.

[183] Poterba J M, Shoven J B. Exchange-traded funds: a new investment option for taxable investors [J]. American Economic Review, 2002, 92 (2): 422-427.

[184] Poterba J M, Summers L H. Mean reversion in stock prices: evidence and implications [J]. Journal of Financial Economics, 1988, 22 (1), 27-59.

[185] Prasanna K. Performance of exchange-traded funds in india [J]. International Journal of Business and Management, 2012, 7 (23): 122-143.

[186] Qadan M, Yagil J. On the dynamics of tracking indices by exchange traded funds in the presence of high volatility [J]. Managerial Finance, 2012, 38 (9): 804-832.

[187] Ramaswamy S. Market structures and systemic risks of exchange-traded funds [J]. Social Science Electronic Publishing, 2011, 19 (24):

1925-1945.

[188] Richie N, Madura J. Impact of the QQQ on liquidity and risk of the underlying stocks [J]. The Quarterly Review of Economics and Finance, 2007, 47 (3): 411-421.

[189] Roll R. A mean/variance analysis of tracking error [J]. The Journal of Portfolio Management, 1992, 18 (4): 13-22.

[190] Rompotis G G. An empirical comparing investigation on exchange traded funds and index funds performance [J]. Available at SSRN 903110, 2005.

[191] Rompotis G G. Evaluating the performance and the trading characteristics of iShares [J]. Available at SSRN 946732, 2007.

[192] Rompotis G G. A survey on leveraged and inverse exchange-traded funds [J]. The Journal of Index Investing, 2012, 2 (4): 84-95.

[193] Shin S, Soydemir G. Exchange-traded funds, persistence in tracking errors and information dissemination [J]. Journal of Multinational Financial Management, 2010, 20 (4): 214-234.

[194] Shum P, Hejazi W, Haryanto E, et al. Intraday share price volatility and leveraged ETF rebalancing [J]. Review of Finance, 2015.

[195] Shum W C, Kan A C N, Chen T. Does warrant trading matter in tracking errors of China-focused exchange-traded funds? [J]. Chinese Economy, 2014, 47 (1): 53-66.

[196] Shum P M, Kang J. Leveraged and inverse ETF performance during the financial crisis [J]. Managerial Finance, 2013, 39 (5): 476-508.

[197] Sirri E R, Tufano P. Costly search and mutual fund flows [J]. The Journal of Finance, 1998, 53 (5): 1589-1622.

[198] Stoll H R, Whaley R E. The dynamics of stock index and stock index futures returns [J]. Journal of Financial and Quantitative Analysis, 1990, 25 (4): 441-468.

[199] Stratmann T, Welborn J W. Exchange-traded funds, fails-to-deliver, and market volatility [EB/OL]. [2012-11-30]. https://papers.ssrn.com/sol3/papers.cfm? abstract_id=2183251.

[200] Subrahmanyam A. A theory of trading in stock index futures [J].

Review of Financial Studies, 1991, 4 (1): 17-51.

[201] Sullivan R N, Xiong J X. How index trading increases market vulnerability [J]. Financial Analysts Journal, 2012, 68 (2): 70-84.

[202] Svetina M. Exchange traded funds: Performance and competition [J]. Journal of Applied Finance, 2010, 20 (2): 130-145.

[203] Trainor W J. Do leveraged ETFs increase volatility [J]. Technology and Investment, 2010, 1 (3): 215-220.

[204] Tse Y. Price discovery and volatility spillovers in the DJIA index and futures markets [J]. Journal of Futures Markets, 1999, 19 (8): 911-930.

[205] Tse Y, Martinez V. Price discovery and informational efficiency of international iShares funds [J]. Global Finance Journal, 2007, 18 (1): 1-15.

[206] Tse Y, So R W. Price discovery in the Hang Seng index markets: index, futures, and the tracker fund [J]. Journal of Futures Markets, 2004, 24 (9): 887-907.

[207] Tuzun T. Are leveraged and inverse ETFs the new portfolio insurers? [EB/OL]. [2014-05-28]. https://papers.ssrn.com/sol3/papers.cfm?abstract_id=2190708.

[208] Wang Z. Market efficiency of leveraged ETFs [EB/OL]. [2009-11-30]. http://olympiainv.com/Memos/ETFs.pdf.

[209] William J. Do leveraged ETFs increase volatility [J]. Technology and Investment, 2010, 4 (1): 215-220.

[210] Wimbish W. Serious health warnings needed for some ETFs [J]. Financial Times, 2013.

[211] Wurgler J. On the economic consequences of index-linked investing [EB/OL]. [2010-09-28]. http://www.nber.org/papers/w16376.

[212] Wurgler J. Challenges to business in the twenty-first century: the way forward [J]. Bulletin of the American Academy of Arts and Sciences, 2010 (2): 226-244.

[213] Van Ness B F, Van Ness R A, Warr R S. The impact of the introduction of index securities on the underlying stocks: the case of the Dia-

monds and the Dow 30 [J]. Advances in Quantitative Analysis of Finance and Accounting, 2005 (2): 105-128.

[214] Veldkamp L L. Media frenzies in markets for financial information [J]. The American economic review, 2006, 96 (3): 577-601.

[215] Xu L, Yin X. Does ETF trading affect the efficiency of the underlying index? [EB/OL]. [2015-03-01]. https://papers.ssrn.com/sol3/papers.cfm? abstract_id=2645273.

[216] Yan A. Leasing and debt financing: substitutes or complements? [J]. Journal of Financial and Quantitative Analysis, 2006, 41 (3): 709-731.

[217] Yang J, Bessler D A, Leatham D J. Asset storability and price discovery in commodity futures markets: a new look [J]. Journal of Futures Markets, 2001, 21 (3): 279-300.

[218] Yu L. Basket securities, price formation, and informational efficiency [EB/OL]. [2005-03-25]. https://papers.ssrn.com/sol3/papers.cfm? abstract_id=862604.

[219] Zhang F. High-frequency trading, stock volatility, and price discovery [EB/OL]. [2010-12-01]. https://papers.ssrn.com/sol3/Papers.cfm? abstract_id=1691679.

[220] Zhong M, Darrat A F, Otero R. Price discovery and volatility spillovers in index futures markets: some evidence from Mexico [J]. Journal of Banking and Finance, 2004, 28 (12): 3037-3054.

[221] Zweig J. Will leveraged ETFs put cracks in market close [J]. The Wall Street Journal, 2009, 18.

國家圖書館出版品預行編目(CIP)資料

交易所交易基金(ＥＴＦ)的市場影響與風險管理 ／ 陳志英 著.
-- 第一版.-- 臺北市：崧博出版：崧燁文化發行, 2018.09

　面；　公分

ISBN 978-957-735-447-1(平裝)

1.證券交易所 2.基金 3.中國

563.55　　　　107015103

書　名：交易所交易基金(ＥＴＦ)的市場影響與風險管理
作　者：陳志英 著
發行人：黃振庭
出版者：崧博出版事業有限公司
發行者：崧燁文化事業有限公司
E-mail：sonbookservice@gmail.com
粉絲頁　　　　　　　網　址：
地　址：台北市中正區重慶南路一段六十一號八樓 815 室
8F.-815, No.61, Sec. 1, Chongqing S. Rd., Zhongzheng Dist., Taipei City 100, Taiwan (R.O.C.)
電　話：(02)2370-3310 傳　真：(02) 2370-3210
總經銷：紅螞蟻圖書有限公司
地　址：台北市內湖區舊宗路二段 121 巷 19 號
電　話：02-2795-3656　傳真：02-2795-4100　網址：
印　刷：京峯彩色印刷有限公司（京峰數位）

　　本書版權為西南財經大學出版社所有授權崧博出版事業有限公司獨家發行電子書繁體字版。若有其他相關權利及授權需求請與本公司聯繫。

定價：300 元

發行日期：2018 年 9 月第一版

◎ 本書以POD印製發行